中等职业学校汽车运用与维修专业新课程教学用书

Qiche Zhidong Xitong Weixiu Gongzuoye

汽车制动系统维修工作页

(第3版)

庞柳军　曾晖泽　主编

人民交通出版社股份有限公司
China Communications Press Co.,Ltd.

内容提要

本书旨在培养汽车运用与维修专业学生胜任汽车售后服务企业工作的能力。全书由7个学习任务组成，即制动系统的维护、制动器的维护与修理、制动主缸的检查与修理、真空助力装置的检查与修理、驻车制动系统的检查与调整、防抱死制动系统的检测与维修、制动跑偏故障的诊断与排除。

本书既可作为职业院校汽车运用与维修专业学生的教学用书，也可作为职业技能培训和其他从事相关专业人员的参考书。

图书在版编目(CIP)数据

汽车制动系统维修工作页 / 庞柳军，曾晖泽主编．
—3版．—北京：人民交通出版社股份有限公司，2020.1
ISBN 978-7-114-16100-1

Ⅰ.①汽… Ⅱ.①庞…②曾… Ⅲ.①汽车—制动装置—车辆修理— Ⅳ.①U472.41

中国版本图书馆 CIP 数据核字(2019)第 278249 号

书 名：	汽车制动系统维修工作页（第3版）
著 作 者：	庞柳军　曾晖泽
责任编辑：	李　良
责任校对：	张　贺　宋佳时
责任印制：	刘高彤
出版发行：	人民交通出版社股份有限公司
地　　址：	(100011)北京市朝阳区安定门外外馆斜街3号
网　　址：	http://www.ccpress.com.cn
销售电话：	(010)59757973
总 经 销：	人民交通出版社股份有限公司发行部
经　　销：	各地新华书店
印　　刷：	北京市密东印刷有限公司
开　　本：	880×1230　1/16
印　　张：	10.25
字　　数：	299千
版　　次：	2008年9月　第1版 2013年8月　第2版 2020年1月　第3版
印　　次：	2021年8月　第3版　第2次印刷　总计第13次印刷
书　　号：	ISBN 978-7-114-16100-1
定　　价：	30.00元

(有印刷、装订质量问题的图书由本公司负责调换)

中等职业学校汽车运用与维修专业新课程教学用书

主　　编　刘建平　辜东莲
顾　　问　赵志群

编委会

主任委员　周炳权　胡学兰
副主任委员　刘建平　张燕文　辜东莲
编　　委　（按姓氏笔画排序）

叶伟胜	冯明杰	刘付金文	刘桂松
刘　毅	朱伟文	齐忠志	何　才
何媛嫦	张东燕	张　发	张琳琳
李　琦	邱志华	邱志成	陆宝芝
陈万春	陈高路	陈楚文	麦锦文
巫兴宏	庞柳军	林文工	林志伟
林夏武	林根南	林清炎	林鸿刚
武　华	武剑飞	段　群	胡炳智
赵中山	唐奎仲	唐蓉芳	徐正国
萧启杭	曾晖泽	赖　航	蔡北勤
鞠海鸥	魏发国		

序

看过人民交通出版社发给我的由刘建平和辜东莲两位老师主编的《中等职业学校汽车运用与维修专业新课程教学用书》系列教材样稿后，不禁感慨万千。汽车维修专业课程改革在我国已经开展多年了，如何打破传统的"基础课、专业基础课、专业课"的三段式模式，以及改变以"教师、教室、教材"为核心的三中心特征，一直以来备受关注。虽然有许多学校都在尝试着改革，也取得了许多可喜的成果，但真正意义上的突破还是不多。这套教材的出现真正让我有了一种"久旱逢甘雨"的感觉。记得2004年6月应广州市交通运输职业学校之邀，我参加了该校模块化教学改革研讨会，参观学校模块化教学实训中心，并与老师们一起讨论模块化教材编写，那次接触让我看到了这所学校在汽车维修专业改革中"敢为人先"的闯劲。现在看到教材样稿果然不同凡响，再次让我感受到广州市交通运输职业学校在汽车维修专业改革上的不断创新精神。

汽车维修中职教育首先有着明确的培养目标，那就是培养当代汽车维修技术工人。怎样把学生培养成合格的人才是汽车维修中职教育的关键所在，而在教学过程中理论与实践结合应该采取何种形式又是问题的要点所在。汽车维修教学中理论与实践结合往往容易出现重视形式上的结合，忽视实质上结合的问题，例如：将汽车构造教材与汽车维修教材简单地合编成"理实"结合在一起的教材，还有将教室直接搬到实训中心内的形式上的"理实"结合等。真正的"理实"结合应该是根据培养对象和培养目标来确定的有着实际内涵的"理实"结合。这套教材以汽车维修实际工作任务为核心，将专业能力与关键能力培养、学习过程与工作过程融为一体以此展开相关联部分的系统结构、系统原理、维修工艺、检验工艺、工具量具使用、技术资料查阅以及安全生产等内容的"理实"一体化教学。这种方式首先以动手解决具体问题为目标，这样可以极大地调动学生的学习兴趣，学生在学习技能的同时，将必要的理论知识结合在实践过程中一起学习，让学生不仅掌握怎么做的要领，还教给学生为什么这样做的道理。在这种模式中，学生是为了更好地理解所要完成的学习任务才去学习相关理论知识的，这就调动了学生学习理论知识的主动性。学生在学习并完成了实用的汽车维修工作任务后，激发出来的职业成就感，必然会使学生重建因学会工作的内容而久违了的自信心，这正是我们职业教育最应该达到的教学效果。

我为这套教材所呈现的课程模式感到由衷的高兴，并对付出辛勤劳动撰写这套教材的每一位老师表示由衷的感谢。我真诚地希望这套教材能够为我国汽车维修专业改革送上一股不断创新的强劲东风，为创造出更加适合我国国情的汽车维修专业课程模式投石问路，为汽车维修职业教育的发展锦上添花。

朱 军

第3版前言

依据设计导向的职业教育思想,以培养学生综合职业能力为目标,以工作过程系统化为教学原则,广州市交通运输职业学校组织专家与老师编写了"中等职业学校汽车运用与维修专业新课程教学用书"。该套教学用书采用工作页的编写模式,以工作过程系统化课程构建、理论实践一体化教学实施和丰田、通用等校企合作项目开展为教学实践基础,是一套符合职业成长规律的工学结合课程教学用书。

本套教学用书自2007年9月首次出版以来,获得社会各界的一致好评,并于2013年修订再版。2012年,本套教材申报教育部"中等职业教育改革创新示范教材",有多本教材入选,2014年以本套教材为核心成果的"基于能力培养的中职汽车运用与维修专业工学结合课程研究与实践"获评国家级教学成果一等奖。这也证明了本套教材不论在教学理论、教学内容,还是教学组织形式上,都具有较强的改革创新特性,值得向全国广大的职业院校进行推广。

该套教学用书重点强调对学生自主学习能力培养,旨在使学生在完成典型工作任务的过程中,学会学习,学会工作。在处理学生与教师的关系、学习目标、课程内容、学习过程和学业评价等方面,该套教学用书具有如下特点:

1. 学生有学习的空间

首先,学习之初所明确的具体学习目标和学习内容可使学生随时监控自己的学习效果,自我评价和他人评价的结合为实现个性化的学习创造了条件;其次,体系化的引导问题强化了学生的主体地位,给学生留下充分思考、实践与合作交流的时间和空间,使学生亲身经历观察、操作、交流和反思等活动;再次,工作页中并不全部直接给出学习内容,而是需要学生通过开放性的引导问题和拓展性学习内容去主动获取,旨在培养学生的自主学习能力,从而使学生能够进一步理解技术知识并提高解决问题的能力;最后,尽量营造接近现实的工作环境,从栏目设置、文字表达、插图到学习内容的安排,都鼓励学生去主动获得学习和工作的体验。

2. 教师角色的多元化

本套教材在明确学习目标的情况下,通过引导问题来提供与完成学习任务联系十分紧密的知识,为教学组织与实施留下许多的创造空间。需要教师转换角色,从一名技术知识的传授者,转化为提高学生综合职业能力的促进者、学习任务的策划者、学习行动的组织动员者、学习资源的提供者、制定计划与实施计划的咨询者、学习过程的监督者以及学习绩效的评估和改善者,即教师的多元化角色。因此,建议在教学实施中,由教师团队共同负责组织教学。

3. 学习目标的工作化

学习目标就是工作目标,既能体现职业教育的能力要求,又能具有鲜明的工作特征。这里的能力不仅仅强调"操作性"与"可测量性",是具有专业内容的综合职业能力,包括专业能力和关键能力,既有显性的、可测量和可观察的工作标准要求,也含有隐性的、不可测量的能力和经验成分。与此同时,学习目标不但具有适度开放的空间,既不拘泥于当前学校或企业的状况,还能充分体现出职业生涯成长的综合要求。

4. 课程内容的综合化

课程内容的综合化体现在:一方面,每个学习任务的内容都具有综合性的特征,既有技能操作,也有知识学习,是工作要求、工作对象、工具、方法和劳动组织方式的有机整体,反映了工作与技术、社会和生活等的密切联系;另一方面,反映典型工作任务的学习任务也具有综合性的特征,要求每个学习任务的内容虽相互独立但又具有内在的联系。

5. 学习过程的行动化

行动化的学习过程首先体现在行动的过程性,让学生亲身经历实践学习和解决问题的全过程,在实践行动中学习,而非以往那种完成理论学习后再进行实践的学习过程;其次是行动的整体性,无论学习任务的大小和复杂程度如何,每个学习任务都要学生完成从明确任务、制定计划、实施计划、检查控制到评价反馈这一完整的工作过程;再次,有尝试新行动的实践空间,尽量创造条件让学生探索解决其未遇到过的实际问题,包括独立获取信息、处理信息,整体化思维和系统化思考。

6. 评价反馈的过程化

过程化首先体现在评价反馈是完整学习过程的一部分,是对工作过程和结果的整体性评价,是学习的延伸和拓展;其次在计划与实施环节中,工作的"质量控制与评价"贯穿于整个过程。过程化的学习评价可帮助学生获得初步的总结、反思及自我反馈的能力,为提高其综合职业能力提供必要的基础。

随着汽车技术的升级换代,综合参考全国各地职业院校和出版社反馈的使用意见,编写组在第 2 版基础上进一步修订,"中等职业学校汽车运用与维修专业新课程教学用书(第 3 版)"得以与社会各界见面。与第 2 版相比,本版教材作了如下改进:

(1)车型进行了更新升级。本套教材仍然以丰田卡罗拉车型为主要技术载体,从 2010 款卡罗拉车型升级为 2014 款卡罗拉车型,紧跟市场变化。

(2)通过学习拓展等方式增加新技术。删减了已逐渐淘汰的汽车技术,通过学习拓展等方式新增了车身电子稳定系统(ESP)、车载局域网、汽油机缸内直喷、空调电动压缩机、电池能源管理系统等技术。

(3)对第 2 版中的错漏部分进行了修订。

(4)重要知识点旁配置了二维码,扫码可观看该知识点的动画或视频,可使教学更加立体化。

本套教材由广州市中等职业教育地方教材建设委员会组织编写,广州市教育局教学研究室和广州市交通运输职业学校共同主持实施,并得到了人民交通出版社股份有限公司的指导,丛书主编为广州市交通运输职业学校刘建平和广州市教育局教学研究室辜东莲,特邀北京师范大学技术与职业教育研究所所长赵志群为课程设计顾问。

本书由庞柳军、曾晖泽主编,刘毅和林根南参编。其中,曾晖泽编写学习任务 6、学习任务 7,刘毅编写学习任务 2、学习任务 5,林根南编写学习任务 1、学习任务 3、学习任务 4,全书由庞柳军、曾晖泽统稿。广州龙的丰田汽车销售服务有限公司廖远东、广州迎宾丰田汽车销售服务有限公司黄达、广州丰田汽车特约维修有限公司林灿雄、广州中升增悦雷克萨斯汽车销售服务有限公司何展其、广州南菱别克汽车销售服务有限公司赖巧准、广州瑞华粤通汽车销售服务有限公司吴宝锋等企业专家对本书的编写给予了技术支持。

由于教材编写组的编写工作是在不断地实践和理论学习过程中进行,正处于不断的学习与更新过程中,难免有不妥之处,还请使用本书的广大师生不吝批评指正。

编 者

2019 年 8 月

亲爱的同学,你好!

欢迎你就读汽车运用与维修专业!

在我国,汽车产品、技术日新月异,汽车快速普及,汽车行业迅速发展,汽车维修技术人员已成为技能型紧缺人才,作为未来的汽车维修技术能手,你将如何迎接这一挑战?在此,希望我们的新课程工作页能够为你的职业成长提供帮助,为你职业生涯打下坚实的基础。

与你过去使用的教材相比,你手里的工作页是一套全新的教学材料,它能帮助你了解未来的工作,学习如何完成汽车维修中重要的典型工作任务,按照职业成长规律,促进你的综合职业能力发展,使你快速成为令人羡慕的汽车维修技术能手!

为了让你的学习更有效,希望你能够做到以下几点:

一、主动学习

要知道,你是学习的主体。工作能力主要是靠你自己亲自实践获得的,而不仅仅是依靠教师在课堂上讲授。教师只能为你的学习提供帮助。比如说,教师可以给你解释汽车发生的故障,向你讲授汽车维修的技术,教你使用汽车维修的工具,为你提供维修手册,对你进行学习方法的指导。但在学习中,这些都是外因,你的主动学习才是内因,外因只能通过内因起作用。职业成长需要主动学习,需要你自己积极地参与实践。只有在行动中主动和全面地学习,才能很好地获得职业能力,因此,你自己才是实现有效学习的关键所在。

二、用好工作页

首先,你要了解学习任务的每一个学习目标,利用这些目标指导自己的学习并评价自己的学习效果;其次,你要明确学习内容的结构,在引导问题的帮助下,尽量独立地去学习并完成包括填写工作页内容等的整个学习任务;再次,你可以在教师和同学的帮助下,通过查阅维修手册等资料,学习重要的工作过程知识;最后,你应当积极参与小组讨论,去尝试解决复杂和综合性的问题,进行工作质量的自检和小组互检,并注意规范操作和安全要求,在多种技术实践活动中你要形成自己的技术思维方式。

三、把握好学习过程、学习内容和学习资源

学习过程是由学习准备、计划与实施和评价反馈所组成的完整过程。你要养成理论与实践紧密结合的习惯,教师引导、同学交流、学习中的观察、动手操作和评价反思都是专业技术学习的重要环节。

本课程的学习内容以丰田卡罗拉制动系统为主线,学习过程中也可结合金杯海狮制动器的内容。你要学会使用这两种维修手册以及依据维修手册进行规范操作。

学习资源可参阅教育科学出版社的《制动系统》(全国汽车维修专项技能认证技术支持中心编写组,2004)、中国劳动社会保障出版社的《汽车制动系统》(詹姆斯·D·霍尔德曼、小蔡斯·D·米切尔,2006)、COROLLA维修手册(丰田汽车(中国)有限公司,2014)。要经常浏览汽车制动系统维修相关的网

页,学习最新的技术和实际维修的技术通报,拓展你的学习范围。

你在职业院校的核心任务是在学习中学会工作,这要通过在工作中学会学习来实现,学会工作是我们对你的期待。同时,也希望把你的学习感受反馈给我们,以便我们能更好地为你服务。

预祝你学习取得成功,早日实现汽车维修技术能手之梦!

编 者

2019 年 8 月

目 录

学习任务 1　制动系统的维护 ·· 1
学习任务 2　制动器的维护与修理 ·· 23
学习任务 3　制动主缸的检查与修理 ·· 56
学习任务 4　真空助力装置的检查与修理 ··· 76
学习任务 5　驻车制动系统的检查与调整 ··· 97
学习任务 6　防抱死制动系统的检测与维修 ·· 111
学习任务 7　制动跑偏故障的诊断与排除 ··· 137
参考文献 ·· 151

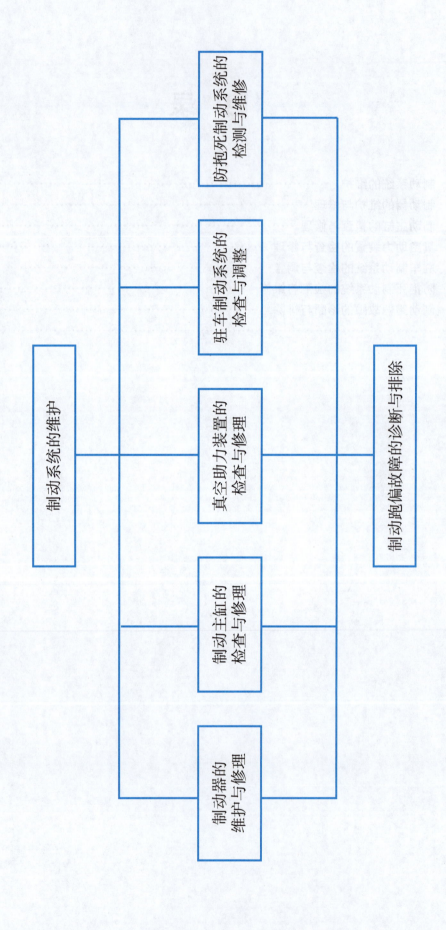

学习任务1　制动系统的维护

学习目标

完成本学习任务后,你应当能:
1. 叙述制动系统的组成和分类;
2. 查阅汽车维护的国家标准,解释制动系统维护的内容;
3. 叙述制动液的特性,安全使用制动液;
4. 在教师指导下,根据维护计划,规范更换制动液和调整制动踏板;
5. 运用所学知识,为顾客提出制动系统的日常维护建议。

建议完成本学习任务为 10 学时

内容结构

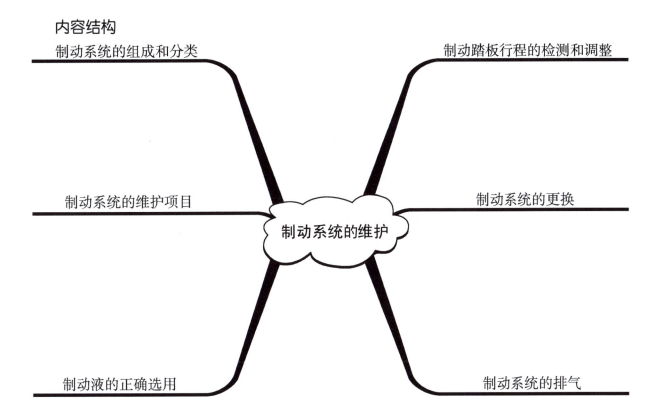

学习任务描述

汽车制动系统维护是汽车售后维修服务的一个项目,应根据顾客对汽车定期维护的要求,对制动系统的维护项目进行规范作业。

制动系统是汽车的重要安全系统之一,其功用是根据行车的要求,实现汽车减速和停车,在停放汽车时可确保停放可靠。制动系统性能的好坏直接影响到汽车运行的效率和安全性,因此,对该系统的检查和维护是汽车日常维护和定期维护的重要项目之一。对制动系统进行规范的维护作业,是汽车维修技术人员必须具备的基本能力之一。

一、学习准备

1. 制动系统是汽车的安全系统之一,是汽车安全运行的保障,制动系统的类型有哪些?不同类型的制动系统由哪些部件所组成?

1)制动系统的组成

(1)请将图1-1所示的部件名称填写在序号后的横线上。

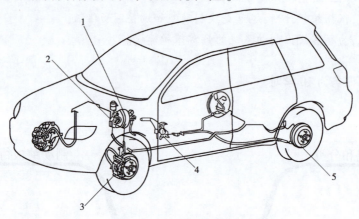

图1-1 整车制动系统组成

1-真空助力器;2-_____;3-_____;4-驻车制动器操纵杆;5-_____

(2)观察学校的实验室用车(或试验台架),完成表1-1。

制动系统主要元件的记录表　　　　　　　　　　表1-1

元件名称	观察情况	元件名称	观察情况
真空助力器	□有　□没有	前车轮制动器	□盘式　□鼓式
制动主缸	□单管路　□双管路	后车轮制动器	□盘式　□鼓式

2)常见的制动系统分类

(1)按制动系统的作用,可将其划分为行车制动系统、应急制动系统、驻车制动系统和辅助制动系统。图1-2a)与图1-2b)分别属于哪类制动系统?请将正确的名称填写在相应图下方的横线上。

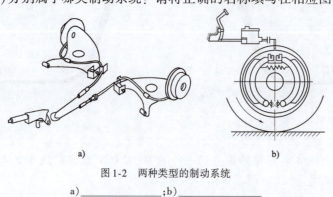

图1-2 两种类型的制动系统

a)_____;b)_____

(2)按制动能量传输方式,可将制动系统划分为机械式、液压式和气压式等类型。

①如图1-3所示,请将液压制动系统各组成部件的名称填写在序号后的横线上。

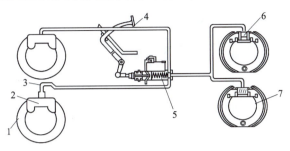

图1-3 液压制动系统的组成

1-制动盘;2-_____;3-液压管;4-_____;5-_____;6-_____;7-制动蹄

②请在图1-4中,将气压制动系统部件的名称填写在序号后的横线上。

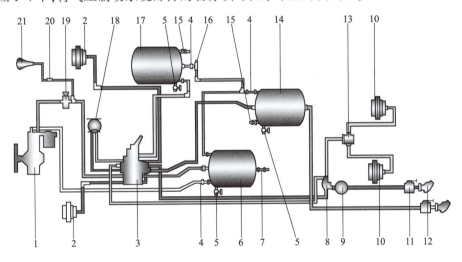

图1-4 气压制动系统的组成

1-空气压缩机;2-_____;3-_____;4-储气罐止回阀;5-放水阀;6-_____;7-安全阀;8-梭阀;9-挂车制动阀;10-_____;11-挂车分离开关;12-接头;13-快放阀;14-_____;15-低压报警器;16-取气阀;17-_____;18-双针气压表;19-调压器;20-气喇叭开关;21-气喇叭

(3)按照制动管路的布置方式,可将制动系统划分为单管路和双管路制动系统。图1-5a)、b)、c)分别代表哪种类型的制动系统?请将正确的名称填写在对应横线上。

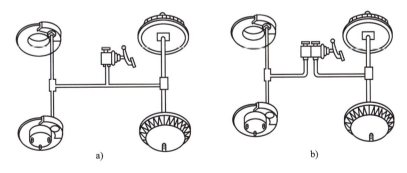

图 1-5

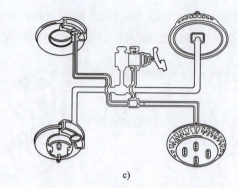

图 1-5　液压管路的布置形式

a)＿＿＿＿＿；b)双管路＿＿＿＿型；c)双管路＿＿＿＿型

> **小提示**
>
> 按照国家法规要求，不允许生产单管路的液压制动系统。

2. 查阅《汽车维护、检测与诊断技术规范》(GB/T 18344—2016)，找出汽车维护中与制动系统相关的内容。

1) 汽车维护分级和周期

(1) 汽车维护分为日常维护、＿＿＿＿和＿＿＿＿。

(2) 日常维护是以＿＿＿＿、＿＿＿＿和＿＿＿＿为中心内容的维护作业。

(3) 一级维护是除日常维护作业外，以＿＿＿＿、＿＿＿＿为作业中心内容，并检查有关＿＿＿＿、操纵等系统中的安全部件的维护作业。

(4) 二级维护是除一级维护作业外，以检查、调整＿＿＿＿、转向操纵系统、悬架等安全部件，并拆检轮胎，进行轮胎＿＿＿＿，检查调整发动机工作状况和汽车排放相关系统等为主的维护作业。

(5) 日常维护的周期为＿＿＿＿、＿＿＿＿和收车后。

(6) 汽车一、二级维护周期的确定应以＿＿＿＿＿＿＿＿为基本依据，对于不便用行驶里程间隔统计、考核的汽车，可用＿＿＿＿＿＿＿＿确定汽车一、二级维护周期。

(7) 二级维护过程中应进行＿＿＿＿。二级维护作业完成后应进行＿＿＿＿，竣工检验合格的车辆，由维护企业签发维护竣工出厂合格证。

(8) 汽车维护质量保证期，自维护竣工出厂之日起计算，一级维护质量保证期为车辆行驶不少于 2000km 或者 10 日，二级维护质量保证期为车辆行驶不少于＿＿＿＿ km 或者＿＿＿＿日，以先达到者为准。

2) 制动系统维护作业要求

(1) 查阅日常维护作业项目及技术要求，在表 1-2 中完成制动部分内容。

表 1-2　制动系统日常维护作业项目及技术要求

作业项目	作业内容	技术要求	维护周期
制动系统	制动系统自检		
		液面高度符合规定	
			出车前

(2) 查阅一级维护作业项目及技术要求，在表 1-3 中完成制动部分内容。

学习任务1 制动系统的维护

制动系统一级维护作业项目及技术要求　　　　　　　　　　　　　　　　　　　　　　　表1-3

作业项目		作业内容	技术要求
制动系统	制动管路、制动阀及接头		
	缓速器		缓速器连接紧固，定子与转子间隙符合规定，缓速器外表、定子与转子间清洁，各插接件与接头连接可靠
	储气筒		无积水及油污
	制动液		

（3）查阅二级维护基本作业项目及技术要求，在表1-4中完成制动部分内容。

制动系统二级维护作业项目及技术要求　　　　　　　　　　　　　　　　　　　　　　　表1-4

作业项目		作业内容	技术要求
制动系统	储气筒、干燥器	检查、紧固储气筒，检查干燥器功能，按规定里程或时间更换干燥剂	
	制动踏板		制动踏板自由行程符合规定
	驻车制动器	检查驻车制动性能，调整操纵机构	
	防抱死制动装置		各连接线及插接件无松动，轮速传感器清洁
	鼓式制动器	检查制动间隙装置	
		检查轮毂内外轴承	
			摩擦片表面无油污、裂损，厚度符合规定。制动蹄无裂纹及明显变形，铆接可靠，铆钉沉入深度符合规定，支承销无过量磨损，与制动蹄轴承孔衬套配合无明显松旷
		检查制动蹄复位弹簧	
		装复制动鼓、轮毂、制动蹄，调整轴承松紧度、调整制动间隙	
	盘式制动器	检查制动摩擦片和制动盘磨损量	
			制动摩擦片与制动盘之间的转动间隙符合规定
			制动钳安装牢固、无油液泄漏。制动钳导向销无裂纹或损坏

二、计划与实施

3. 准备对一辆车（以丰田卡罗拉轿车为例）的制动液、制动管路，以及制动踏板进行维护。记录车辆的基本信息，查阅维修手册，准备维护所需的设备、工具与耗材等。

1）记录车辆的基本信息

将车辆的基本信息记录在表1-5中。

车辆基本信息表 表1-5

车辆型号(VIN码)			
车牌号码		车型及行驶里程	
维修接待的维修意见			

2)工作前准备

准备制动系统维护所需的设备、工具与耗材等,并在表1-6中记录准备情况。

设备、工具与耗材准备的记录表 表1-6

名　称	型　号	数量	是否已会使用	是否已准备好
举升设备			□是　□否	□是　□否
维修手册	—		□是　□否	□是　□否
常用工具	—		□是　□否	□是　□否
钢直尺			□是　□否	□是　□否
油管扳手(或梅花扳手)			□是　□否	□是　□否
带透明软管容器			□是　□否	□是　□否
制动液			□是　□否	□是　□否
干净抹布	—			□是　□否

小提示

在维修作业前要将转向盘套、座椅套和地板垫放置好,安装好翼子板布和前格栅布。每次进入汽车内要确保手、鞋和衣服的干净,以保持车内清洁。

4. 制动踏板是将驾驶人脚踩的力传递和放大的重要部件,其工作状态直接影响到制动效能,该如何检查与调整制动踏板?

1)检查制动踏板工作状况

在发动机熄火条件下,踩下制动踏板数次并进行仔细观察,将检查结果记录在表1-7中。
(1)检查制动踏板反应灵敏度。
(2)检查制动踏板是否能完全踩下。
(3)检查制动踏板有无异常噪声。
(4)检查制动踏板有无过度松动。

制动踏板工作状况检查记录表 表1-7

制动踏板应用状况	观　察　情　况	制动踏板应用状况	观　察　情　况
反应灵敏度	□灵敏　□不灵敏	有无异常噪声	□有　□没有
踏板是否能完全踩下	□不能完全踩下　□能完全踩下	有无过度松动	□有　□没有

2)检查制动踏板高度和自由行程

(1)检查制动踏板高度(图1-6)。

①翻起前围板隔热垫总成。
②测量制动踏板表面与地板之间的最短距离,将测量结果填入表1-8中。

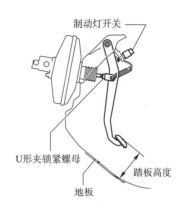

图1-6 制动踏板高度检查

 小提示

如果不便于翻起地毯,要从地毯表面开始测量,并从标准值中扣除地毯的厚度。

(2)检查制动踏板自由行程。
①关闭发动机。多次踩下制动踏板直至制动助力器内无真空后,松开制动踏板。
②用手压下制动踏板直至感觉到轻微的阻力。如图1-7所示测量距离,将测量结果填入表1-8中。

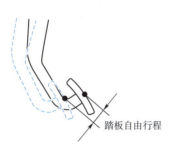

图1-7 制动踏板自由行程检查

 小词典

制动踏板自由行程:当用手指轻轻按压制动踏板时,制动踏板的运动行程在两个阶段发生变化。
第一阶段:U形夹销和转轴销的松动。
第二阶段:推杆刚好在制动主缸液压升高之前运动。
第一阶段与第二阶段的总运动行程即为制动踏板的自由行程。

(3)检查制动踏板行程余量。
①松开驻车制动器操纵杆。
②发动机运转时,用294N的力踩下制动踏板,并测量踏板行程余量(图1-8)。将测量结果填入表1-8中。

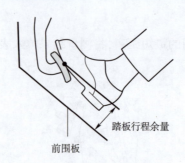

图1-8 制动踏板行程余量检查

(4)记录测量数据并对比维修手册提供的标准值,给出维修意见,填入表1-8中。

踏板检查记录表　　　　　　　　　　　　　　　　　　　　表1-8

检 查 项 目	标准值(mm)	测量值(mm)	维 修 意 见
踏板高度			
踏板自由行程			
踏板行程余量			

(5)制动踏板高度和自由行程与标准值不符会造成什么后果?在正确的选项前打"√"。

制动踏板高度过低或过高可能导致:
□制动踏板有效行程不足　　　　□制动距离变长
□制动力变大　　　　　　　　　□制动失效

制动踏板自由行程过大可能导致:
□制动拖滞　　　　　　　　　　□制动距离变长
□制动踏板有效行程不足　　　　□制动失效

制动踏板自由行程过小可能导致:
□制动拖滞　　　　　　　　　　□制动距离变长
□制动力变小　　　　　　　　　□制动失效

小词典

制动拖滞:在解除制动后,全部或个别车轮仍有制动作用的现象。

3)制动踏板调整

(1)调整踏板高度。

①断开制动灯开关连接器。　　　　　　　　　　　　　　　　　□任务完成
②拆下制动灯开关总成。　　　　　　　　　　　　　　　　　　□任务完成
③松开推杆U形夹锁紧螺母。　　　　　　　　　　　　　　　　□任务完成
④转动踏板推杆以调整踏板高度。　　　　　　　　　　　　　　□任务完成
⑤拧紧推杆U形夹锁紧螺母。力矩:_____。　　　　　　　□任务完成
⑥将制动灯开关插入调节器固定架,直至开关壳体接触到制动踏板。□任务完成
⑦调整制动灯开关。　　　　　　　　　　　　　　　　　　　　□任务完成
⑧连接制动灯开关连接器。　　　　　　　　　　　　　　　　　□任务完成

(2)制动踏板自由行程调整。
如果制动踏板自由行程不符合标准,检查制动灯开关间隙。

学习任务1　制动系统的维护

①插入制动灯开关总成,直到推杆触及缓冲垫。　　　　　　　　　　　　　　　□任务完成
小心:插入制动灯开关总成时,从后面支撑制动踏板,否则踏板会被按进去。
②顺时针转动1/4圈,安装制动灯开关总成。力矩:＿＿＿＿＿＿。　　　　　□任务完成
③连接连接器。　　　　　　　　　　　　　　　　　　　　　　　　　　　　□任务完成
④检查推杆的凸出部分(图1-9)。推杆的凸出部分:＿＿＿＿＿＿。　　　　　□任务完成
如果凸出部分不在规定范围内,则进行调整。
注意:在检查时不要踩下制动踏板。

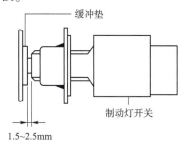

图1-9　检查制动灯开关间隙

 5. 制动液是制动能量的传递介质,因此,选用合适的制动液是使制动系统保持良好性能的保障,那么该如何正确选用制动液?

1)制动液规格及更换周期

查阅相应的维修手册或用户手册,填写表1-9。

制动液牌号及更换周期　　　　表1-9

车　　型	制动液规格	制动液更换周期
金杯海狮客车	SAE J1703 或 FMVSS No. 116 DOT3	每50000km或30个月
奔驰 E260		
大众高尔夫		
丰田卡罗拉		

2)制动液的特性

制动液由非石油类液体组成,主要是乙二醇、乙醚和不影响＿＿＿＿＿＿和金属的酯类构成,如图1-10所示。

　　　　a)　　　　　　　　b)　　　　　　c)

图1-10　瓶装制动液外观

小提示

制动系统使用了大量橡胶零件,如皮碗、套管、软管等,制动液应选用不会腐蚀橡胶零件的非石油类液体。

制动液应确保化学稳定性好、黏度适当、润滑性能好、凝点_____(高/低)、沸点_____(高/低)、不易产生气阻、抗腐蚀。

 小词典

(1)凝点:液体凝结成固体时的温度。
(2)沸点:液体在某一压力下沸腾的温度。
(3)气阻现象:在液压制动系统中,当制动液的工作温度过高(接近其沸点)时,会产生大量气泡,由于气体是可压缩的,液压不能有效传递到制动器,从而导致制动效能急剧下降甚至完全失灵,如图1-11所示。

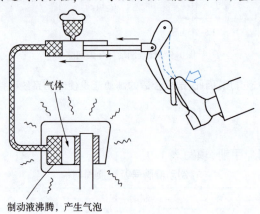

图1-11 气阻现象示意

3)制动液的分类标准
(1)按国家标准《机动车辆制动液》(GB 12981—2012)分类:HZY3、HZY4、HZY5、HZY6。
(2)按美国汽车工程师协会(SAE)分类:SAE J1703、SAE J1704、SAE J1705。
(3)按美国联邦机动车安全标准(FMWSS)的DOT分类:DOT3、DOT4、DOT5、DOT5.1。

4)制动液沸点
查阅资料,了解制动液的DOT分类标准,对照表1-10,找出DOT后的数字的大小与制动液沸点的高低之间的关系是_____。目前,轿车上推荐较多的是使用DOT4。

制动液型号与沸点比较表　　　　表1-10

类型	DOT3	DOT4	DOT5.1
干沸点	≥205℃	≥230℃	≥260℃
湿沸点	≥140℃	≥155℃	≥180℃

 小提示

由于多数制动液不是单体化学物,没有固定的沸点,所以用平衡回流沸点(干沸点)、湿平衡回流沸点(湿沸点)作为高温蒸发性指标。制动液在长时间使用后,会因吸收空气中的水分导致沸点下降,在工

学习任务1 制动系统的维护

作过程中更容易出现气阻现象,所以,制动液有一定的使用期限,需要定期更换。

 6. 制动液品质变差会导致制动性能下降,制动液不足是导致制动失效的原因之一,那么该如何检查制动液?

1) 制动液液面高度检查

制动液储液罐外壁上有最低液位(MIN)和最高液位(MAX)的标记,如图1-12所示,正常的液位应该在两标记之间。液位低于最低液位标记时,应及时添加同一规格、同一牌号的制动液。将检查结果和维护意见填入表1-11中。

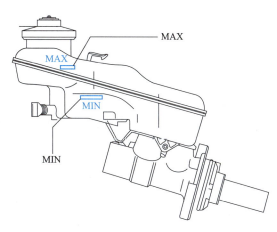

图1-12 制动液液位标记

制动液液位检查记录表 表1-11

检查内容	检查结果	是否需要添加
制动液液位	□正常　□过低	□是　□否

在下列选项中选出造成制动液液位过低的主要原因,在其前面打"√"。
□制动摩擦衬片过度磨损
□制动管路有泄漏现象
□制动液挥发
□制动液正常的消耗

2) 制动液品质检查

(1) 目视检查。

如图1-13所示,制动液的外观应清澈透明或呈琥珀色,无杂质、无沉淀或悬浮物,如果出现制动液颜色变黑、浑浊或有沉淀物等现象时,应进行更换。

(2) 用仪器检查。

如图1-14所示,分别是3种不同的检测仪器,均可直接测出制动液是否变质(含水量过多)。

(3) 记录检查结果。

请目视检查或者利用教师提供的检查仪器检查制动液的品质,将检查结果及维护意见填入表1-12中。

a) 使用前的制动液　　b) 使用后的制动液

图1-13 使用前后制动液的对比

 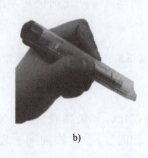 

a)   b)   c)

图 1-14 3 种检测制动液品质的检测仪

制动液品质检查记录表   表 1-12

检查内容	检查结果	是否需要更换
制动液品质	□正常 □变质	□是 □否

7. 由于制动管路的完好程度是制动液压有效传递的重要保障，所以，在进行车辆维护时，需要对其进行检查，该如何检查制动管路？

制动管路通常布置在车辆底部，容易被路面上的石头或其他飞溅碎片所损坏。制动管路重点检查的部位有：制动管与主缸和轮缸的连接处、车底管路、钢管与软管的连接处和制动软管，如图 1-15 所示。将检查结果填写在表 1-13 中，并根据检查结果提出维修意见。

 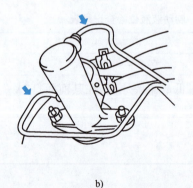 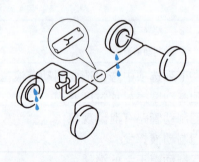

a)   b)   c)

图 1-15 制动管路检查

制动管路检查记录表   表 1-13

故障现象	检查结果	维修意见
制动管道和软管是否会因车辆运动与车轮或车身接触（安装状况）	□是 □否	
制动管与主缸的连接处是否泄漏	□是 □否	
制动管与轮缸的连接处是否泄漏	□是 □否	
钢管与软管的连接处是否泄漏	□是 □否	
制动软管是否有扭曲、磨损、开裂、隆起	□是 □否	
车底制动管路是否有凹痕或损伤	□是 □否	

小提示

如果检查时发现管路有破损现象,需要附加制动管更换的维修项目,应事先告知顾客,并说明附加维修项目所需增加的费用,在征得顾客同意的情况下才可以实施。

8. 在制动液变质或到了使用期限的情况下,都需要对制动液进行更换,那么该如何更换制动液?

制动液的更换通常有两种方法:人工更换和用机器更换。＿＿＿＿＿＿＿(人工/用机器)更换需要两人协作完成,如图1-16所示;＿＿＿＿＿＿＿(人工/用机器)更换则一人独立操作即可完成。

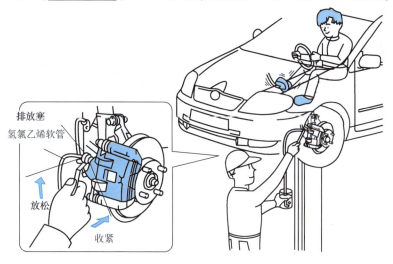

图1-16 人工更换制动液

 小提示

使用制动液注意事项:

(1)制动液对眼睛和皮肤有刺激性,应避免与人体的直接接触。一旦接触,应采取如下措施进行救治:若接触到皮肤,需用肥皂和水清洗;若不慎进入眼睛,需用水彻底冲洗,必要时送医院治疗。

(2)制动液对电器接头、导线、轮胎和涂漆的表面有腐蚀作用。在涉及对制动液的相关操作时,应避免制动液飞溅到这些部件表面上。如果制动液接触到电器接头、导线或电缆,应立即用干净的抹布将制动液擦去。如果制动液接触到其他物件,应立即用干净的抹布擦去,并用水冲洗所接触的部位。

以下为人工更换的过程:人工更换制动液要求两人默契配合,在作业开始之前,两人协商确定好各自分工以及配合作业时的口令。请在下面记录操作步骤和对应的口令。

1)制动液更换作业

(1)清理制动液储液罐盖及周边部位。　　　　　　　　　　　　　　□任务完成
(2)拆卸制动液储液罐盖。　　　　　　　　　　　　　　　　　　　□任务完成
(3)用吸管清除储液罐中的残留制动液,如图1-17所示。　　　　　　□任务完成
(4)将制动液储液罐重新加注清洁的制动液至合适的液面。　　　　　□任务完成
(5)用举升机或千斤顶升起并适当支撑车辆。　　　　　　　　　　　□任务完成

(6)如图 1-18 所示,将透明软管一端连接到右后轮排气螺塞上,另一端放入装有制动液的容器,以便盛接放出的制动液。　　　　　　　　　　　　　　　　　　　　　　　　　□任务完成

(7)一人进入驾驶室踩下制动踏板,同时另外一人用梅花扳手缓慢旋开制动轮储液缸排气螺塞,使制动液通过排气螺塞从透明软管流出。　　　　　　　　　　　　　　　　　　　□任务完成

(8)连续踩制动踏板,直至看到有新鲜清洁制动液流出为止,关闭排气阀并紧固。　□任务完成

(9)按照右后—左前—左后—右前车轮的顺序,在余下的车轮上重复(6)~(8)的操作。在操作过程中要注意往储液罐补充制动液,以确保制动液保持在适当的液位上。　　　　　　　　□任务完成

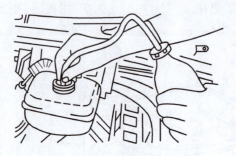

图 1-17　吸出制动液

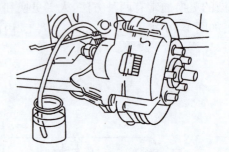

图 1-18　排放制动液

小提示

对大多数装备了前/后双管路系统的车辆,排放旧制动液的顺序通常是从距主缸最远的车轮开始;对装备对角双管路系统或防抱死制动系统的车辆,要按照车辆维修手册规定的步骤排放旧制动液。

不同品牌的制动液不能混合使用,当考虑需要使用其他牌号制动液时,该如何处理?

2)排除液压制动管路内的空气

(1)空气对制动力的影响。

液体是_____(可以/不可以)被压缩的,液压制动系统正是利用这一特性来传递压力。而气体是_____(可以/不可以)被压缩的,当液压制动系统中存在空气时,压力将不能有效传递,从而导致制动效能下降甚至失效。

选出会导致空气可能进入制动系统的情况,在正确的选项前打"√"。

□制动管路有泄漏

□拆卸或更换液压元件

□制动液液位过低

(2)液压制动管路排气作业。

①在轮缸排气螺塞上套上一根透明塑料管,将管的另一端浸入装有清洁制动液透明容器的液面下。　　　　　　　　　　　　　　　　　　　　　　　　　　　　　　　　　　　　□任务完成

学习任务1 制动系统的维护

②一人连续踩下制动踏板5~6次,然后踩住不放,另一人旋开排气螺塞让空气连同部分制动液一同排出,随后立即旋紧排气螺塞。如此重复直至流出的制动液中无气泡为止,如图1-19所示。　□任务完成

③按照右后—左前—左后—右前的顺序在其他车轮重复以上操作。　□任务完成

④排气完毕后应将制动液加至最高液位的标记以下2~4mm处,并盖好储液罐盖。　□任务完成

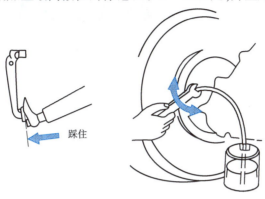

图1-19　制动管路排气

 小提示

对大多数装备有前/后双管路系统的车辆,要从距主缸最远的车轮开始排气,最后才是距主缸最近的车轮;对装备有对角双管路系统或防抱死制动系统的车辆,要按照车辆维修手册规定的步骤对制动系统进行排气。

制动液不能添加过满,过量加注会导致制动液溢出并腐蚀部件。

为什么在旋开排气螺塞时要踩住制动踏板不放,直至旋紧排气螺塞之后才放开?

(3)"5S"。

按"5S"要求,完成制动液更换后还需要做哪些工作?

学习拓展

装备防抱死制动系统(Anti-lock Braking System,以下简称"ABS")的汽车在制动系统排气后,如果不能获得制动踏板的规定高度或触感,则按以下步骤用智能检测仪对ABS制动压力调节器进行排气(以丰田卡罗拉轿车为例)。

(1)将点火开关置于OFF位置,踩下制动踏板20次以上。

(2)将智能检测仪连接到诊断接口DLC3,然后将点火开关置于ON(IG)位置。

注意:不要起动发动机。

(3)接通智能检测仪并在屏幕上选择"AIR BLEEDING"。

(4)根据智能检测仪显示屏上的"Step 1:Increase"进行排气。在排气的同时,添加制动液使储液罐的液面保持在MIN和MAX线之间。

①将塑料管连接至任意一个排气螺塞上。

②踩下制动踏板数次,然后踩住制动踏板时松开连接在塑料管上的排气螺塞,如图1-20所示。

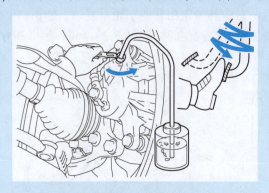

图1-20 制动压力调节器排气图示一

③制动液不再溢出时,紧固排气螺塞,然后松开制动踏板,如图1-21所示。

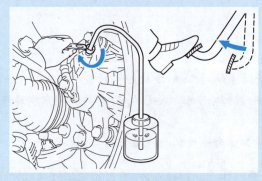

图1-21 制动压力调节器排气图示二

④重复步骤②和③直至制动液中的气体被完全放出。
⑤完全紧固排气螺塞。
⑥对其余车轮重复上述步骤,以放出制动管路中的空气。

(5)根据智能检测仪显示屏上的"Step 2:Inhalation"对吸液管路进行排气。在排气的同时,添加制动液使储液罐的液面保持在MIN和MAX线之间。

①在右前轮或右后轮的排气螺塞上连接一根塑料管,然后松开排气螺塞。
②用智能检测仪对制动压力调节器进行排气,如图1-22所示。

注意:在此步骤中务必要松开制动踏板。执行器操作在4s内自动停止。

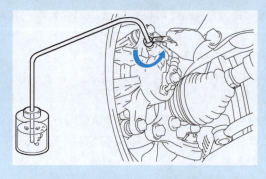

图1-22 制动压力调节器排气图示三

③参考智能检测仪显示屏,检查并确认执行器操作已停止并紧固排气螺塞,如图1-23所示。

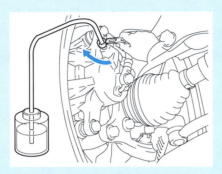

图1-23 制动压力调节器排气图示四

④重复步骤②和③直至制动液中的气体完全放出。
⑤完全紧固排气螺塞。
⑥按照上述相同的步骤对其余车轮进行排气。

(6)根据智能检测仪显示屏上的"Step 3:Decrease"对减压管路进行排气。在排气的同时,添加制动液使储液罐的液面保持在MIN和MAX线之间。

①将塑料管连接至任意一个排气螺塞上。
②松开排气螺塞。
③保持制动踏板完全踩下,用智能检测仪操作制动压力调节器。注意:执行器操作在4s内自动停止。连续执行该程序时,至少需要20s的时间间隔。操作完成后,制动踏板会稍微下降。这是电磁阀打开时的正常现象。操作本程序期间,制动踏板会显得沉重,但仍应完全踩下使制动液能够从排气螺塞流出,应确保踩住制动踏板不放,禁止反复踩下和松开制动踏板。
④紧固排气螺塞,然后松开制动踏板。
⑤重复步骤②和④直至制动液中的气体被全部排出。
⑥完全紧固排气螺塞。
⑦对其余制动器重复上述步骤,以排出制动管路中的空气。

(7)根据智能检测仪显示屏上的"Step 4:Increase"再对制动管路进行排气。操作步骤请参照(4)中的步骤进行。

(8)完成智能检测仪上"AIR BLEEDING"操作后关闭检测仪。
(9)从DLC3上断开智能检测仪。
(10)将点火开关置于OFF位置。

 9. 在维护作业竣工前还需要做哪些工作?

在维护作业竣工前要进行制动性能测试,测试的方法有道路测试或试验台测试(见学习任务7)。

三、评价反馈

1.使用(维修)案例分析

林先生购买了一辆一汽丰田卡罗拉GL1.6AT轿车,该车已经行驶了40000km左右,林先生听说丰田轿车要做一项40000km维护,但却不知道具体要做些什么维护、更换些什么零件和工时费用是多少等,假如你是丰田4S店的维修技师,请你按专业知识,简要叙述为完成车辆40000km维护要进行的作业内容,把更换零件和工时价格报给林先生,并在维护上为林先生提出好的建议。

(1)查阅车辆使用手册和维修手册,写出丰田卡罗拉轿车(或其他车型)关于制动系统维护的项目,请列举至少15项,并填入表1-14中。

二级维护(制动系统部分)项目表　　　　　　　　　　表1-14

序　号	维 护 项 目	需要更换的零件	所需要准备的工具
1			
2			
3			
4			
5			
6			
7			
8			
9			
10			
11			
12			
13			
14			
15			

(2)测量制动踏板高度和行程时需要注意什么事项?

(3)叙述更换制动液的具体操作步骤。

(4)汽车为什么要对制动系统实施定期维护?

(5)丰田汽车维护更换零件和工时报价。

请你通过上网或者到丰田(或其他品牌)4S店实地调查,填写表1-15中的零件名称和工时报价。

汽车维护更换零件和工时报价表 表1-15

零件名称	零件报价(元)	工作项目	工时报价(元)
例:丰田合成机油	406	例:更换机油滤清器	50
制动液		更换制动液	
制动摩擦片		更换制动摩擦片	
制动盘			

(6)顾客认为虽然制动液已经到了更换期限,但还没有变质,因此不需要更换。作为维修技术人员的你该如何解释?

(7)车辆的日常维护是驾驶员的职责,运用所学知识为顾客提出若干日常维护的建议。

2. 学习自测题

(1)一般家用轿车前轮多采用(　　)制动器,后轮多采用(　　)制动器。
　　A. 盘式　盘式　　B. 鼓式　盘式　　C. 鼓式　鼓式　　D. 盘式　鼓式

(2)以下不属于汽车制动系统维护的项目是(　　)。
　　A. 更换制动液　　　　　　　　　　B. 调整驻车制动系统
　　C. 紧固底盘螺栓　　　　　　　　　D. 检查制动摩擦片厚度

(3)规格为DOT4的制动液,其干沸点是(　　)。
　　A. 不高于155℃　B. 不低于155℃　C. 不高于230℃　D. 不低于230℃

(4)一般地,汽车制动系统由_____、_____、前轮盘式制动器、_____、_____、_____、_____和制动警示灯等组成。

(5)制动系统按其作用可划分为行车制动系统、_____系统、_____系统和_____系统。

3. 学习目标达成度的自我检查(表1-16)

自我检查表 表1-16

序号	学习目标	达成情况(在相应的选项后打"√")		
		能	不能	如果不能,是什么原因
1	叙述制动系统的组成			
2	叙述制动系统的分类			

续上表

序号	学 习 目 标	达成情况(在相应的选项后打"√")		
		能	不能	如果不能,是什么原因
3	查阅制动系统的维护标准,叙述维护项目内容			
4	叙述制动液的特性,安全使用制动液			
5	根据计划,规范调整制动踏板			
6	根据计划,规范更换制动液			
7	为顾客提出制动系统日常维护的建议			

4. 日常表现性评价(由小组长或者组内成员评价)

(1) 工作页填写情况。(　　)

  A. 填写完整   B. 缺失 0~20%

  C. 缺失 20%~40%   D. 缺失 40% 以上

(2) 工作着装是否规范？(　　)

  A. 穿着校服(工作服),佩戴胸卡   B. 校服或胸卡缺失一项

  C. 偶尔会既不穿校服又不戴胸卡   D. 始终未穿校服、佩戴胸卡

(3) 能否主动参与工作现场的清洁和整理工作？(　　)

  A. 积极主动参与"5S"工作

  B. 在组长的要求下能参与"5S"工作

  C. 在组长的要求下能参与"5S"工作,但效果差

  D. 不愿意参与"5S"工作

(4) 升降汽车或起动发动机时,有无进行安全检查并警示其他同学？(　　)

  A. 有安全检查和警示   B. 无安全检查,有警示

  C. 有安全检查,无警示   D. 无安全检查,无警示

(5) 是否达到全勤？(　　)

  A. 全勤   B. 缺勤 0~20% (有请假)

  C. 缺勤 0~20% (旷课)   D. 缺勤 20% 以上

(6) 总体印象评价。(　　)

  A. 非常优秀   B. 比较优秀   C. 有待改进   D. 急需改进

(7) 其他建议：

小组长签名：_____   _____年_____月_____日

5. 教师总体评价

(1) 对该同学所在小组整体印象评价。(　　)

  A. 组长负责,组内学习气氛好

  B. 组长能组织组员按要求完成学习任务,个别组员不能达成学习目标

  C. 组内有 30% 以上的学员不能达成学习目标

  D. 组内大部分学员不能达成学习目标

(2)对该同学整体印象评价：

_____

_____

_____。

教师签名：_____　　　　_____年_____月_____日

学习拓展

在制动系统排气作业中，相对人工排气的方法，用机器排气需要使用专用设备，但是工作效率较高。用机器来排气只需一人操作就可以完成制动系统的空气排放，如图1-24所示。

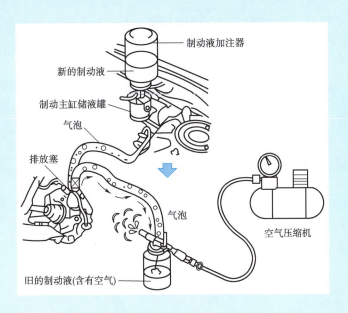

图1-24　制动系统的空气排放示意

使用机器来完成制动系统排气作业的步骤如下。

(1)在制动主缸下放一块布，以防制动液溢出。

(2)如图1-25所示，将制动液加注器安装到制动主缸上。

(3)如图1-26所示，将制动液更换器和空气压缩机连接起来。

(4)取下制动轮缸排放塞帽。

(5)将制动液更换器软管插进排放塞。

(6)将排放塞放松1/4圈左右进行排气。

(7)开启制动液更换器排气，观察排除的制动液，当制动液中的气泡消失后，重新拧紧排放塞。

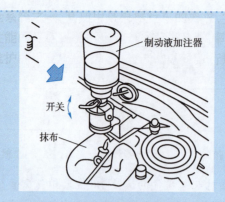

图 1-25　安装制动液加注器

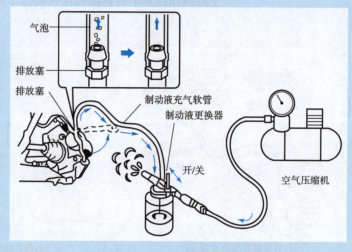

图 1-26　排气操作示意

学习任务 2　制动器的维护与修理

学习目标

完成本学习任务后,你应当能:
1. 叙述液压制动系统的工作原理;
2. 叙述制动器的种类及其特点;
3. 根据给定的工作计划,在教师指导下,对制动器进行维护;
4. 依据检查结果,确定制动器的修理计划并按计划实施;
5. 运用所学知识,为顾客提供与制动器使用相关的建议。

建议完成本学习任务为 24 学时

内容结构

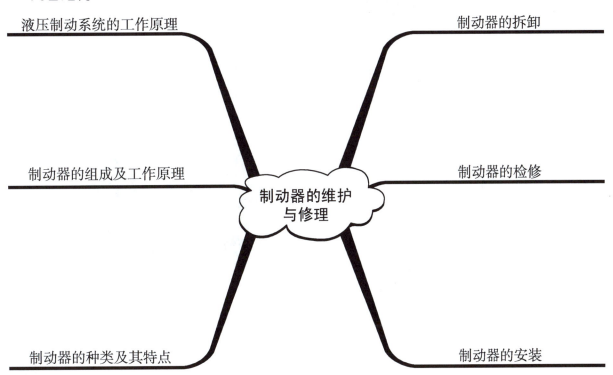

 学习任务描述

在制动系统定期维护项目中,其中重要的一项就是制动器的维护。在维护过程中应按照维护要求进行制动器维护作业,必要时进行修理。

制动器是通过固定件(制动蹄、摩擦块)与旋转件(制动鼓、制动盘)之间的摩擦产生摩擦热,将汽车的动能转化为热能,使车辆减速直至停止。一旦制动器不能正常工作,汽车的制动性能将变差,甚至完全失效,因此,在汽车的定期维护项目中,制动器的检修是基本项目之一。对制动器进行规范的维护作业,是汽车维修技术人员必须具备的基本能力。

一、学习准备

1. 请你在汽车上找出制动器的安装位置。制动器有哪两种?液压制动的原理是什么?

(1)请你在汽车上找出制动器的安装位置,并在图2-1中圈出其具体位置。

图 2-1 制动器的安装位置

(2)制动器的类型。制动器分为鼓式和盘式两种。鼓式制动器(图2-2)一般用于制动负荷较小的后轮和驻车制动。盘式制动器(图2-3)由于其制动性能稳定等优点,逐渐成为轿车上制动系统的主流。

图 2-2 鼓式制动器　　　　　　　图 2-3 盘式制动器

(3)制动的原理。由摩擦块夹紧制动盘产生制动或由摩擦片压紧制动鼓内侧产生制动。两种制动方式都是通过产生大量摩擦热来消耗汽车的动能,如图2-4所示。

(4)液压制动系统的工作过程。

①制动时,驾驶员踩制动踏板的力通过推杆和主缸活塞,使主缸内的制动液产生液压,液压顺着制动管路传递到制动轮缸,使轮缸活塞张开产生制动,如图2-5所示。

②解除制动时,驾驶员松开制动踏板,液压消除,主缸和轮缸活塞复位,从而制动解除,如图2-6所示。

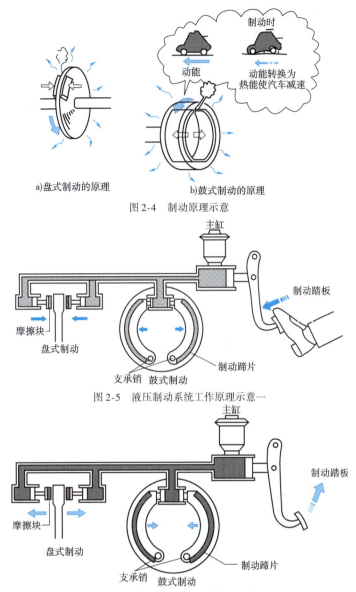

图 2-4 制动原理示意

图 2-5 液压制动系统工作原理示意一

图 2-6 液压制动系统工作原理示意二

二、计划与实施

 2. 准备对一辆车(以金杯轻型客车为例)的制动器进行维护与修理。记录车辆的基本信息,查阅维修手册,准备相应的制动器检查与修理所需的设备、工具与耗材等。

1)记录车辆的基本信息

将车辆的基本信息记录在表 2-1 中。

车辆基本信息表　　　　表 2-1

车辆型号(VIN码)			
车牌号码		车型及行驶里程	
维修接待的维修意见			

2)工作前准备

准备制动器检查与修理所需的设备、工具与耗材等,将准备情况记录于表 2-2 中。

设备、工具与耗材准备记录表　　　　　　　　表 2-2

名　　称	型　　号	数量	是否会使用	是否准备好
举升设备			□是　□否	□是　□否
千分尺			□是　□否	□是　□否
支架百分表			□是　□否	□是　□否
扭力扳手			□是　□否	□是　□否
维修手册	—		□是　□否	□是　□否
常用工具			□是　□否	□是　□否
润滑脂			□是　□否	□是　□否
制动液			□是　□否	□是　□否
干净抹布	—			□是　□否

 3. 制动器是产生阻碍车辆运动或运动趋势的力的部件,从车上找出制动器由哪些元件组成?并观察它们是怎样工作的?

1)制动器的组成

制动器主要由旋转元件、固定元件、张开机构和调整机构等部分组成。

(1)盘式制动器的组成。

①图 2-7 所示为已拆开制动钳的盘式制动器,请参照图 2-7 将部件名称填写到表 2-3 中。

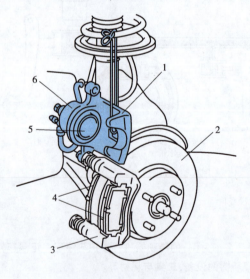

图 2-7　盘式制动器的组成

盘式制动器的组成部件表　　　　　　　　表 2-3

序号	部件名称	序号	部件名称	序号	部件名称
1	制动钳体	3		5	
2		4		6	制动轮缸

②参照图 2-7,在试验台架的盘式制动器上找到图中所标示的部件。

③请在图2-7中找出组成制动器的旋转部分、固定部分、张开机构和调整机构等部分所对应的部件,填入表2-4中。

盘式制动器的主要部件表　　　　表2-4

组成部分	旋转元件	固定元件	张开机构	调整机构
对应部件				轮缸皮碗

(2)鼓式制动器的组成。

①图2-8所示为鼓式制动器的各组成部件,请将其名称填入表2-5中。

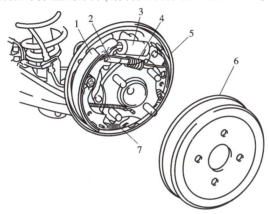

图2-8　鼓式制动器的组成

鼓式制动器的组成部件表　　　　表2-5

序号	部件名称	序号	部件名称	序号	部件名称
1	制动蹄	4		7	制动蹄拉簧
2		5	制动底板		
3		6			

②参照图2-8,在试验台架的鼓式制动器上找到图中所标示的部件。

③请在图2-8中找出组成制动器的旋转部分、固定部分、张开机构和调整机构等部分所对应的部件,填入表2-6中。

鼓式制动器主要部件表　　　　表2-6

组成部分	旋转元件	固定元件	张开机构	调整机构
对应部件	制动鼓			

2)制动器的工作原理

(1)盘式制动器:如图2-9所示,制动时,液压通过制动液从主缸传递到轮缸上,推动轮缸_____向外推移,将内侧的摩擦块压靠到制动盘端面上,而外侧的摩擦块则由制动钳推动,从而使两片摩擦块夹紧制动盘产生制动。

(2)鼓式制动器:如图2-10所示,制动时,液压通过制动管路从主缸传递到轮缸,推动轮缸活塞向_____(外/内)推移,两个制动轮缸活塞分别推动两片制动蹄绕支承销_____(转/移)动,张开的制动蹄以其摩擦片压紧在制动鼓的_____(内/外)圆柱面上产生制动。

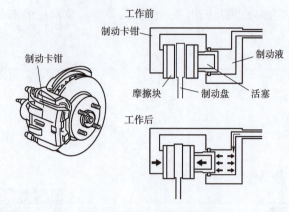

图 2-9　盘式制动器工作原理图

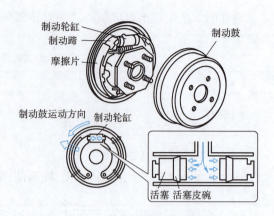

图 2-10　鼓式制动器工作原理图

4. 制动器通过摩擦产生制动力矩实现制动,制动盘和摩擦块会产生磨损,为保障制动器的可靠运行需对其进行定期维护,那么该如何对前盘式制动器进行拆卸检查?

1)检查摩擦块

(1)目视检查摩擦块的厚度。

通过观察孔,目视检查摩擦块的厚度,如图 2-11 所示。如果发现摩擦块上的沟槽几乎被磨平,则需要更换。

是否需要更换:　　　　　　　　　　　　　　　　　　　　　　　□是　　□否

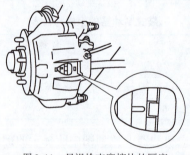

图 2-11　目视检查摩擦块的厚度

小提示

一个新的制动摩擦块厚度一般在 10~15mm,随着使用中不断摩擦,厚度会逐渐变薄。当肉眼观察摩擦块厚度已经仅剩原先 1/3 厚度左右时,车主就要增加自检频率,随时准备更换了。个别车型由于轮毂设计原因,不具备肉眼查看的条件,需要拆卸轮胎才能完成,如图 2-12、图 2-13 所示。

图 2-12　透过轮辋可目视检查的摩擦块

图 2-13　不可直接目视检查的摩擦块

(2)拆卸检查摩擦片。

①拆下制动钳。

a. 如图2-14所示,拆下两颗制动钳安装螺栓。 □任务完成

b. 如图2-15所示,拆下制动钳并固定好。 □任务完成

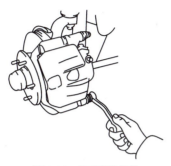

图2-14 拆下安装螺栓　　图2-15 拆卸制动钳

为什么要固定好制动钳？在正确的选项前打"√"。

□使制动软管不受拉伸

□方便其他部件的拆卸

□避免制动钳脱落,造成部件损伤或人员受伤

小提示

当不解体制动轮缸时,不要拆卸制动软管,以免制动液流出,使空气进入管道,从而产生一些不必要的维修作业。

②如图2-16所示,拆下下列零件。

a. 拆下两个摩擦块。 □任务完成

b. 拆下两个消声片。 □任务完成

c. 拆下磨损指示板(内侧)。 □任务完成

d. 拆下四个摩擦块支承板。 □任务完成

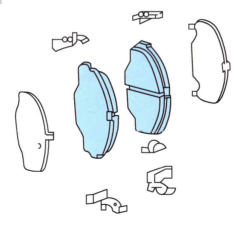

图2-16 拆卸摩擦块及附件

磨损指示板的作用:磨损指示板起到提示报警的作用,当摩擦块磨损到极限位置时,指示板与制动盘发生摩擦,产生尖锐的声音提示驾驶员及时更换摩擦块,如图2-17所示。

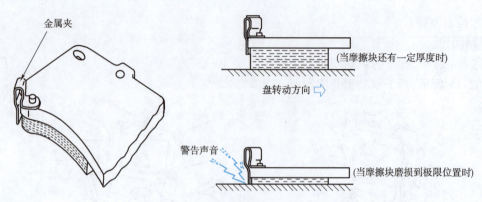

图 2-17 摩擦块磨损指示板工作示意

> **学习拓展**
>
> 有些车型使用了电子磨损传感器报警装置,如图 2-18 所示。电子磨损报警装置是在摩擦材料内设置磨损传感器,当摩擦块磨损至极限位置时,磨损传感器被磨损,仪表板上的警报灯点亮,从而警告驾驶员摩擦块已磨损到极限值,需要及时维修更换。
>
>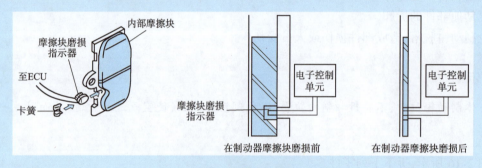
>
> 图 2-18 电子式磨损指示器报警装置

③检查摩擦块的磨损量。

如图 2-19 所示,使用钢直尺测量制动摩擦块的厚度,在表 2-7 中记录检查结果,确定是否更换。

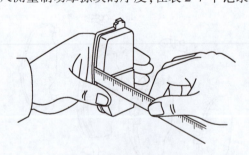

图 2-19 测量摩擦块的厚度

摩擦块测量结果记录表 表 2-7

标准值(mm)	极限值(mm)	测量值(mm)	是 否 更 换

a. 在测量制动摩擦块的厚度时,为什么要在多点位置进行测量?

b. 内外侧摩擦块的磨损量是否一样？为什么？在正确的选项前打"√"。
□外侧摩擦块比内侧摩擦块磨损量大
□内侧摩擦块比外侧摩擦块磨损量大，因为内侧摩擦块比外侧摩擦块先接触制动盘
□内侧摩擦块比外侧摩擦块磨损量大，因为内侧摩擦块比外侧摩擦块作用力大
□内侧摩擦块比外侧摩擦块磨损量大，因为外侧摩擦块比内侧摩擦块耐磨
④检查摩擦块的表面情况。在表2-8中记录检查结果，确定修理方法。

摩擦块检查结果记录表　　　　　　　　　　　　　表2-8

项　　目	裂纹或脱落	沟　槽	硬　化	油　污
检查结果				
维修意见				

a. 检查摩擦块表面是否有裂纹或脱落，如图2-20、图2-21所示。

图2-20　摩擦块的裂纹　　　　　图2-21　摩擦块的脱落

b. 检查摩擦块表面是否有较明显沟槽。
c. 检查摩擦块表面是否硬化或者有油污。

学习拓展

制动摩擦块一般由几部分组成（图2-22）。喷漆涂层起到防锈、保护背板的作用。倒角或者倒槽，主要目的是减小噪声。在生产摩擦块过程中，会在背板上涂一层黏结剂，从而使制动摩擦块具备高剪切强度，以抵御在制动过程中，制动盘和制动摩擦块之间产生的高强度剪切力，从而避免制动时摩擦材料的掉落。在黏结剂上会铺一层底垫材料，以起到减小噪声和隔热的作用，摩擦材料最后再覆盖在底垫材料上。摩擦材料一般由黏结剂、增强纤维、摩擦性能调节剂、填料等四大部分组成。

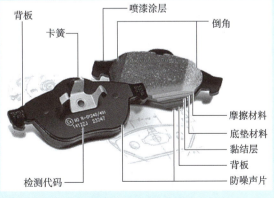

图2-22　摩擦块的构成

2）检查盘式制动器轮缸

（1）目检轮缸防尘罩。

如图2-23所示，检查制动轮缸防尘罩是否有油污和破损现象，在表2-9中记录。

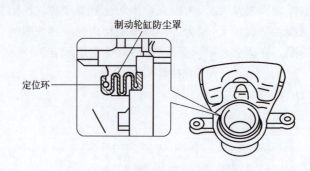

图2-23 检查制动轮缸防尘罩

轮缸防尘罩检查记录表　　表2-9

项　目	是否有油污	是否破损
检查结果	□是　　□否	□是　　□否
维修意见		

小提示

防尘罩若已损坏则需及时更换，若出现漏油现象则需分解检修轮缸。

①选出造成轮缸漏油现象的原因，并在正确的选项前打"√"。
□活塞密封圈老化
□轮缸磨损
□活塞磨损

②选出某一侧轮缸有漏油现象对汽车制动性能的影响，并在正确的选项前打"√"。
□整车制动效能下降
□该侧车轮制动效能下降
□同轴两侧车轮制动效能不相等

（2）解体盘式制动器轮缸。

①拆下制动软管接头螺栓，脱开制动器软管。　　□任务完成
在拆卸制动软管时如何防止制动液流失？

②如图2-24所示，拆下滑套。　　□任务完成
③如图2-25所示，拆下滑套防尘罩和套筒。　　□任务完成
④拆下开口环和活塞尘罩。如图2-26所示，使用螺丝刀拆下开口环和活塞尘罩。　　□任务完成

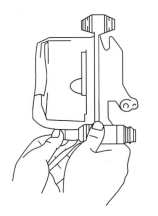
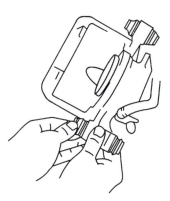

图 2-24　拆下滑套　　　　图 2-25　拆下滑套防尘罩

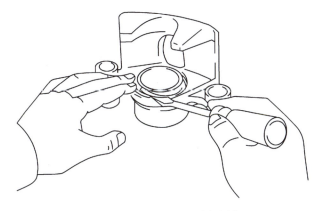

图 2-26　拆下开口环和活塞尘罩

 小提示

拆卸时要注意螺丝刀不要划伤活塞表面。

⑤从轮缸上拆下活塞。
a. 将一块抹布或木条放在活塞和轮缸之间。　　　　　　　　　　　　□任务完成
b. 用压缩空气从轮缸内推出活塞，如图 2-27 所示。　　　　　　　　□任务完成

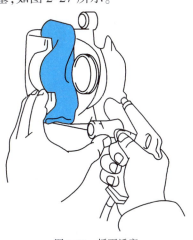

图 2-27　拆下活塞

小提示

在使用压缩空气时不要将手指放在活塞的前面,避免由于活塞被快速推出而夹伤手指。

⑥从轮缸内拆下活塞密封圈。

a. 如图2-28所示,使用螺丝刀拆下活塞密封圈。　　　　　　　　　　　□任务完成

图2-28　拆下活塞密封圈

b. 密封圈除了有密封作用外,还有使活塞复位和自动调节制动间隙的作用。

复位作用:松开制动踏板后,制动系统内的制动压力随即下降,此时,制动轮缸活塞处于松弛的状态,在橡胶密封圈的变形作用下复位(图2-29);滚动的车轮带着制动盘一起旋转,依靠旋转时细微的摆动,制动盘便可顺利挣脱制动块的束缚,并推动制动块跟着活塞复位。

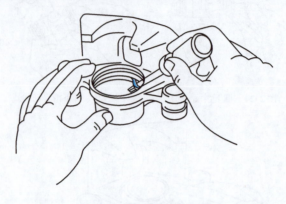

图2-29　活塞密封圈使活塞复位

在教师引导下查阅资料,并小组讨论,活塞密封圈是怎样自动调节制动间隙的?

 小词典

制动器制动间隙:是指在制动完全解除时,制动器摩擦副元件——制动盘(鼓)和摩擦块(片)之间的间隙。

按照国家标准要求,制动器磨损后,制动间隙必须易于通过手动或自动调整装置来补偿,其控制和传能装置及制动器的零部件必须具有一定的储备行程。必要时,还应有适当的补偿装置,当制动器发热或摩擦块(片)达到一定程度的磨损时,仍可以保证制动效能而不必立即对制动间隙进行调整。行车制动器的磨损应能自动调整。制动器受热冷却后,磨损自动调整装置仍能保证其具有有效的制动性能。

密封圈是橡胶件,如果不正确选用制动液,或者混合使用两种不同制动液,会造成密封圈老化,密封圈老化对轮缸的工作性能有什么影响?在正确的选项前打"√"。
□密封圈密封性下降,容易出现泄漏现象
□密封圈弹性下降,活塞复位不足,导致制动拖滞故障
□密封圈发胀,活塞卡滞,导致制动跑偏故障
(3)检查轮缸活塞。检查轮缸活塞是否有锈蚀现象。　　　　　　□有　　□没有

小提示

如果活塞出现了任何表面缺陷,需要进行更换。

3)检查制动盘
(1)目视检查制动盘。
目视检查制动盘是否有裂纹,如图2-30所示。　　　　　　　　□有裂纹　　□无裂纹

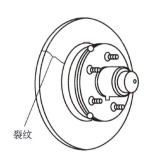

图2-30　制动盘的裂纹

小提示

若制动盘有裂纹则必须进行更换。

(2)测量制动盘的厚度。
如图2-31所示,使用千分尺测量制动盘的厚度,在表2-10中记录检查结果。

图2-31　测量制动盘的厚度

制动盘的厚度测量结果记录表　　　　表2-10

标准值(mm)	极限值(mm)	测量值(mm)	是否合格

(3)测量制动盘的圆跳动。

如图 2-32 所示,使用支架百分表测量制动盘的圆跳动,在表 2-11 中记录检查结果。

图 2-32 测量制动盘的圆跳动

制动盘的圆跳动测量记录表 表 2-11

标准值(mm)	测量值(mm)	是否合格

小提示

测量制动盘的圆跳动前,应确认车轮轴承的间隙是否在规定的范围内。

查阅维修手册,当制动盘圆跳动超出标准值,怎样进行维修?你能否解释为什么这样做?

5. 在完成盘式制动器的检修后,该如何装配轮缸和安装制动钳?

1)盘式制动器轮缸装配

制动轮缸一旦分解,重新装复时应更换新的修理包。

小词典

修理包:为了便于维修,将汽车各总成或部件内部的易损件集中包装在一起的零件包称为修理包。

(1)在各零件上涂敷指定润滑脂。

如图 2-33 所示,在箭头所指的零件上涂敷指定润滑脂。　　　　□任务完成

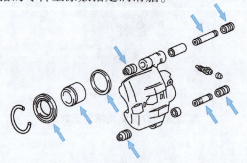

图 2-33 涂敷润滑脂

在下面选项中选出因没有使用指定润滑脂而产生的不良后果,在正确的选项前打"√"。
□橡胶件发胀而损坏
□润滑效果差
□密封性差
(2)如图2-34所示,将活塞密封圈和活塞装入轮缸内。　　　　　　　　□任务完成
(3)如图2-35所示,将活塞防尘罩和开口环装入轮缸内。　　　　　　　□任务完成

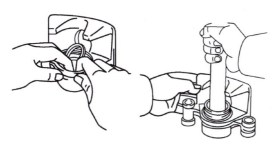

图2-34　安装密封圈和活塞

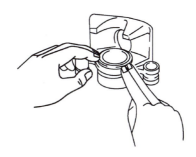

图2-35　安装活塞防尘罩

(4)安装滑套防尘罩和滑套。
①如图2-36所示,安装2个套筒和4个防尘罩。　　　　　　　　　　　□任务完成
②如图2-37所示,将滑套装入各防尘罩内。　　　　　　　　　　　　　□任务完成

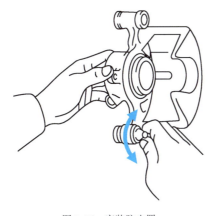

图2-36　安装防尘罩

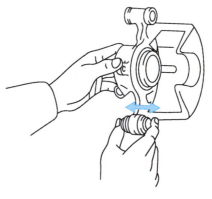

图2-37　安装滑套

2)制动钳安装
(1)安装制动摩擦块。如图2-38所示,分别安装下列零件:
① 4个摩擦块支承板;　　　　　　　　　　　　　　　　　　　　　　□任务完成
② 摩擦衬垫磨损指示板;　　　　　　　　　　　　　　　　　　　　　□任务完成
③ 2个摩擦块;　　　　　　　　　　　　　　　　　　　　　　　　　□任务完成
④ 2个消声片。　　　　　　　　　　　　　　　　　　　　　　　　　□任务完成
选出摩擦块支承板和消声片所起的作用,在正确的选项前打"√"。
□摩擦块支承板只是用来支承摩擦块
□消声片起到降低制动噪声的作用
□摩擦块支承板可起到减振的作用

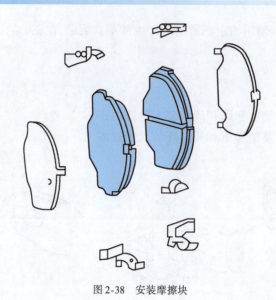

图 2-38　安装摩擦块

📘 小提示

装在制动盘内侧和外侧的两块摩擦块是不完全相同的,在拆卸与安装时,应注意区分。

(2)安装制动钳。
①装上制动钳。　　　　　　　　　　　　　　　　　　　　　　　□任务完成
②如图 2-39 所示,装上并拧紧 2 个安装螺栓。　　　　　　　　　□任务完成
拧紧力矩为:_____ N·m。

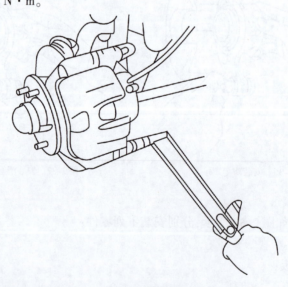

图 2-39　安装螺栓

③如图 2-40 所示,连接挠性软管。　　　　　　　　　　　　　　□任务完成
拧紧力矩为:_____ N·m。
(3)安装前轮并预紧。　　　　　　　　　　　　　　　　　　　　□任务完成
(4)按规定力矩拧紧车轮螺母。　　　　　　　　　　　　　　　　□任务完成
拧紧力矩为:_____ N·m。

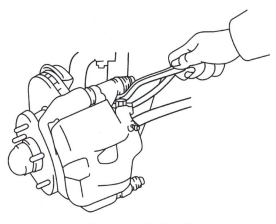

图 2-40　连接制动软管

 6. 在完成制动钳安装后需要做哪些工作？

（1）加注制动液并排除制动管路内空气（见学习任务1）。
（2）检查制动管路是否有泄漏现象（见学习任务1）。
（3）进行制动性能测试（见学习任务7）。

 小提示

在维修过程中，储液罐里要始终保留一定量的制动液，否则，空气可能进入制动主缸。

 7. 在完成盘式制动器的检查与修理后，你是否知道常见的盘式制动器有哪几种类型？各类制动器有什么特点？

盘式制动器的类型及结构特点。盘式制动器可分为全盘式制动器（图2-41）和钳盘式制动器，其中

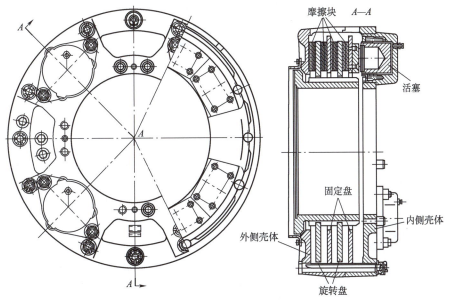

图 2-41　全盘式制动器

钳盘式制动器又分为定钳式(图2-42)和浮钳式(图2-43)两种。全盘式制动器结构复杂,但制动效能好,主要用于重型车(如上海SH380型32t自卸载货汽车)。盘式制动器结构特点见表2-12。

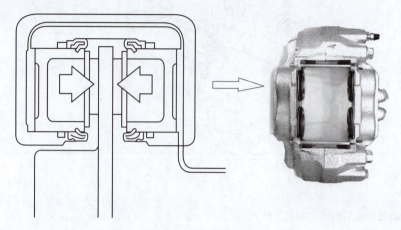

图2-42 定钳式制动器示意

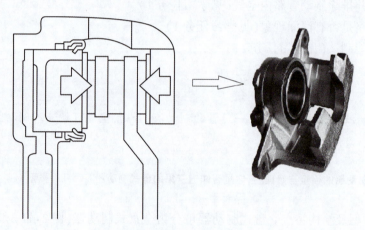

图2-43 浮钳式制动器示意

盘式制动器分类及结构特点 表2-12

类型		结构特点	工作过程
全盘式(图2-41)		固定元件和旋转元件都是圆盘形,分别称为固定盘和旋转盘。其结构原理与_____(摩擦离合器/变速器)相似。内侧外壳上装有四个液压缸	制动时液压缸活塞将所有的固定盘和旋转盘都推向外侧固定盘,产生制动;解除制动时,活塞在弹簧作用下复位
钳盘式	定钳式(图2-42)	制动钳_____(固定/浮动)安装在车桥上;两个制动块由位于制动盘两侧的两个活塞推动	制动液进入制动钳体中两个相通的轮缸中,将_____(左/两)侧的制动块压向制动盘,从而产生制动
	浮钳式(图2-43)	制动钳体通过_____(导向销/螺栓)与车桥相连,可以相对于制动盘轴向移动;内侧的制动块由活塞推动,外侧的制动块由浮动的制动钳体推动	制动液进入轮缸,将内侧制动块压向制动盘,并使制动钳体沿导向销向_____(内/外)侧移动,直到外侧的制动块也压到制动盘上

请观察实习用车的盘式制动器,以上哪一种盘式制动器最为常见?

8. 为了对鼓式制动器进行检查,需要先对其进行拆卸,该如何拆卸与检查后轮鼓式制动器?

1)拆卸制动鼓
(1)拆卸后轮。　　　　　　　　　　　　　　　　　　　　　　　　□任务完成
(2)穿过后挡板上的孔,插入螺丝刀将自动调整杆撬高。　　　　　　□任务完成
(3)如图2-44所示,用另一把螺丝刀旋动调整螺栓,放松后制动蹄调整器。　□任务完成
(4)拆下制动鼓。　　　　　　　　　　　　　　　　　　　　　　　□任务完成

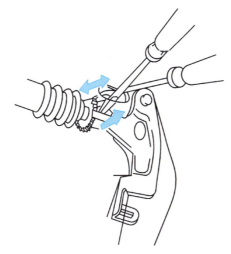

图2-44　放松调整器

选出在拆下制动鼓之前要放松调整器的原因,在正确的选项前打"√"。
□使制动蹄与制动鼓之间的间隙增大,更容易拆下制动鼓
□使制动蹄与制动鼓之间的间隙减小,更容易拆下制动鼓
□与制动间隙大小无关

2)目视检查鼓式制动器
(1)轮缸是否漏油。　　　　　　　　　　　　　　　　　□有　　□没有
(2)轮缸防尘罩是否破损。　　　　　　　　　　　　　　□有　　□没有
(3)轮缸活塞是否有卡滞现象。　　　　　　　　　　　　□有　　□没有
(4)制动鼓有没有裂纹或较深的划槽。　　　　　　　　　□有　　□没有
(5)摩擦片是否有油污。　　　　　　　　　　　　　　　□有　　□没有
(6)摩擦片是否有裂纹。　　　　　　　　　　　　　　　□有　　□没有
(7)摩擦片是否有表面硬化或烧蚀现象。　　　　　　　　□有　　□没有
(8)各复位弹簧是否有变形、断裂等现象。　　　　　　　□有　　□没有
选出可能导致摩擦片出现表面硬化或烧蚀现象的原因,在正确的选项前打"√"。

□摩擦片表面沾上油污后老化
□连续长时间制动后,温度过高而烧蚀
□不按规定周期进行维护
□错误选用制动液

3)制动蹄摩擦片检测

如图2-45所示,检测制动蹄摩擦片的厚度,将记录测量结果填在表2-13中。

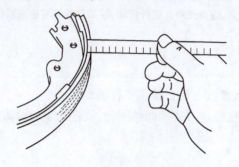

图2-45 测量制动摩擦片的厚度

制动摩擦片厚度测量结果记录表　　表2-13

标准值(mm)	最小值(mm)	测量值(mm)	是 否 合 格

4)制动鼓的内径测量

如图2-46所示,使用游标卡尺测量制动鼓的内径,将测量结果记录在表2-14中。

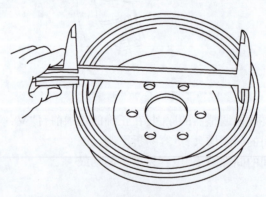

图2-46 测量制动鼓的内径

制动鼓内径测量结果记录表　　表2-14

标准值(mm)	最大值(mm)	测量值(mm)	是 否 合 格

如果制动鼓的内径超过最大值或出现裂纹时必须更换新的制动鼓。

5)拆卸制动蹄

(1)拆下后制动蹄。

①如图2-47所示,使用专用工具(编码:SST 09703—30010)脱开复位弹簧。

□任务完成

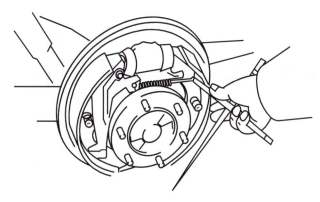

图 2-47 拆卸复位弹簧

 小提示

丰田车系是通过编码来管理各种维修专用工具（SST），因此，查找对应的编码就能找出对应的专用工具。

②如图 2-48 所示，使用专用工具（编码：SST 09718—00010）拆下后制动蹄压簧、弹簧座和销子。
　　　　　　　　　　　　　　　　　　　　　　　　　　　　　□任务完成

③拆下后制动蹄和制动蹄复位弹簧。　　　　　　　　　　　　□任务完成

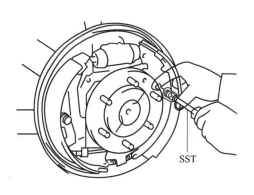

图 2-48 拆卸后制动蹄弹簧座

 小提示

拆卸弹簧座时动作不能过猛，以防弹簧飞出伤人；同时用手扶好制动蹄，以防因制动蹄突然脱落，而导致零件的损坏或造成维修人员受伤。

（2）拆下前制动蹄。

①如图 2-49 所示，使用专用工具（编码：SST 09718—00010）拆下前制动蹄压簧、弹簧座和销子。
　　　　　　　　　　　　　　　　　　　　　　　　　　　　　□任务完成

②拆下带调整器的前制动蹄。　　　　　　　　　　　　　　　□任务完成

③如图 2-50 所示，从前制动蹄脱开驻车制动器拉索。　　　　　□任务完成

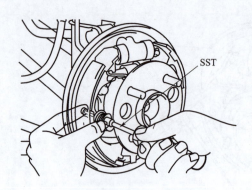 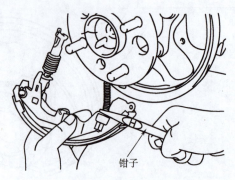

图 2-49　拆下前制动蹄弹簧座　　　　　　　图 2-50　拆卸前制动蹄

> **小提示**
>
> 制动蹄拆下后要放置好,避免摩擦片沾上油污。

(3)拆下调整器。
① 如图 2-51 所示,拆下调整杆弹簧。　　　　　　　　　　　　　□任务完成
② 拆下调整器。　　　　　　　　　　　　　　　　　　　　　　□任务完成
③ 如图 2-52 所示,从调整器拆下复位弹簧。　　　　　　　　　　□任务完成

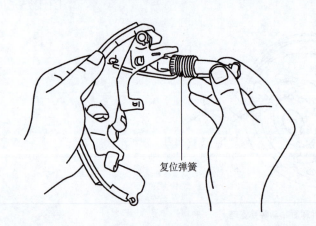 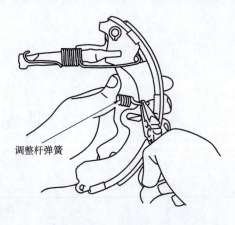

图 2-51　拆卸调整杆弹簧　　　　　　　　　图 2-52　拆下调整器复位弹簧

> **小提示**
>
> 在拆卸调整器时要摆放好分解出来的零件,以防损坏或丢失。

学习拓展

鼓式制动器主要有五种类型:领从蹄式、单向双领蹄式、双向双领蹄式、单向自增力式和双向自增力式,各种鼓式制动器的结构特点见表 2-15。

鼓式制动器的分类及结构特点　　　　表2-15

类　型	结构特点	工作过程
领从蹄式(图2-53)	两蹄上端压靠在＿＿＿＿(单/双)活塞轮缸上,下端套装在支承销上;固定元件布置呈＿＿＿＿(轴/中心)对称	汽车前进制动时,两蹄被轮缸活塞推开,分别绕支撑销转动,并压紧在制动鼓上;前蹄为＿＿＿＿(领/从)蹄,后蹄则为＿＿＿＿(从/领)蹄。 倒车制动时,领、从蹄对调
单向双领蹄式(图2-54)	蹄片一端压靠在＿＿＿＿(单/双)活塞轮缸上,另一端套装在支承销上;固定元件布置呈＿＿＿＿(轴/中心)对称	汽车前进制动时,两蹄是＿＿＿＿(领/从)蹄;倒车制动时,两蹄是＿＿＿＿(领/从)蹄
双向双领蹄式(图2-55)	蹄片两端都压靠在＿＿＿＿(单/双)活塞轮缸上;固定元件布置既呈＿＿＿＿对称又呈＿＿＿＿对称	无论前进制动还是倒车制动,两蹄都是＿＿＿＿(领/从)蹄
单向自增力式(图2-56)	两蹄下端浮支在浮动杆上;只在上方有一支承销,两蹄上端可压靠在上面;仅左蹄由＿＿＿＿(单/双)活塞轮缸推动	汽车前进制动时,两蹄都是＿＿＿＿(领/从)蹄,故有很＿＿＿＿(高/低)的制动效能。 倒车制动时,两蹄都是＿＿＿＿(领/从)蹄,此时制动效能很低
双向自增力式(图2-57)	两蹄由＿＿＿＿(单/双)活塞轮缸推动,其余结构同单向自增力式	无论前进制动还是倒车制动,两蹄都是＿＿＿＿(领/从)蹄,有最高的制动效能

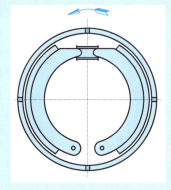

图2-53　领从蹄式制动器示意

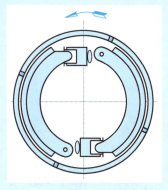

图2-54　单向双领蹄式制动器示意

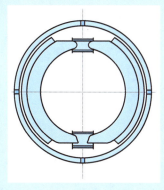

图2-55　双向双领蹄式制动器示意

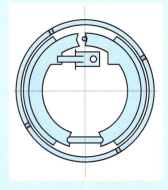

图2-56　单向自增力式制动器示意

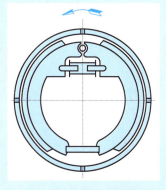

图2-57　双向自增力式制动器示意

9. 针对鼓式制动器检查结果,确定维修措施,在教师指导下进行维修。

1)制动轮缸修理

当制动轮缸有漏油、卡滞等现象时,应拆下轮缸并更换制动轮缸修理包内的配件,或更换轮缸。

(1)制动轮缸拆卸。

①如图 2-58 所示,使用专用工具(编码:SST 09751-36011)脱开制动器油管。　　　□任务完成

②如图 2-59 所示,拆下制动轮缸。　　　□任务完成

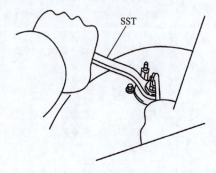
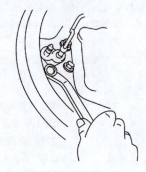

图 2-58　拆卸制动油管　　　图 2-59　拆下制动轮缸

(2)制动轮缸解体。如图 2-60 所示,从轮缸上拆下下列零件:

①2 个活塞防尘罩;　　　□任务完成

②2 个活塞;　　　□任务完成

③2 个活塞密封圈;　　　□任务完成

④复位弹簧。　　　□任务完成

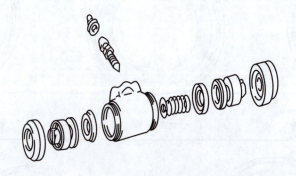

图 2-60　分解鼓式制动轮缸

(3)制动轮缸装配。

参考制动轮缸的拆卸及解体的作业,尝试制订制动轮缸的装配及安装作业计划,经教师认可后实施,写出作业的步骤。

2)制动蹄更换

(1)更换制动蹄。

选出需要更换制动蹄的情况,在正确的选项前打"√"。

□摩擦片有裂纹
□摩擦片表面硬化或烧蚀
□摩擦片表面沾有油污
□摩擦片磨损超标

①如图2-61所示,使用螺丝刀从前制动蹄上拆下制动调整杆。　　　　　□任务完成
②如图2-62所示,使用螺丝刀拆下驻车制动拉杆。　　　　　　　　　□任务完成

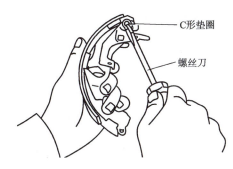　　　　　　　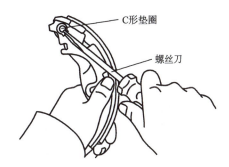

图2-61　拆下制动调整杆　　　　　　　图2-62　拆下驻车制动拉杆

③换上维修手册指定的制动蹄。　　　　　　　　　　　　　　　　　□任务完成
④如图2-63所示,用C形锁环将驻车制动拉杆安装在前制动蹄上。　　　□任务完成
⑤如图2-64所示,用E形锁环将制动调整杆安装在前制动蹄上。　　　　□任务完成

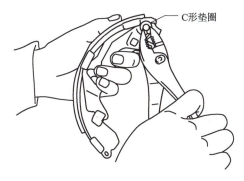　　　　　　　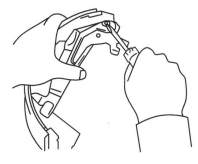

图2-63　安装驻车制动拉杆　　　　　　　图2-64　安装制动调整杆

小提示

安装完C形锁环和E形锁环后,必须检查其安装位置是否到位,防止元件松脱造成制动故障。

(2)制动摩擦片和制动鼓的贴合检查。

在更换制动蹄之后,需要检查制动摩擦片和制动鼓的贴合情况。

①如图2-65所示,用粉笔在制动鼓内壁画波浪线,然后用手将制动蹄靠在制动鼓内壁并转动。
②检查制动摩擦片上的贴合印痕。

如图2-66和图2-67所示,贴合印痕面积应不小于摩擦片工作面积的50%。在制动时,制动摩擦片中间获得的压力较大,两端获得的压力较小,因此,贴合印痕的分布应为两端重,中间轻。通过对制动摩擦片修磨,可使贴合面积符合技术标准,从而获得最大摩擦阻力,以保证制动摩擦片的磨损均匀。

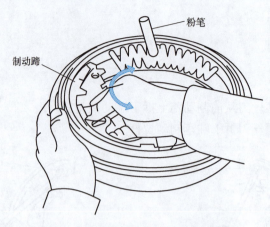

图 2-65 摩擦片和制动鼓的接触情况检查

   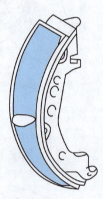

图 2-66 不符合标准的贴合印痕　　　　　　　图 2-67 符合标准的贴合印痕

贴合印痕检查结果：　　　　　　　　　　　　　　　　□符合标准　　□不符合标准

3）制动器安装

（1）涂敷耐高温润滑脂。

①在后挡板上与摩擦片（图 2-68）的滑动面接触处涂敷耐高温润滑脂。　　□任务完成

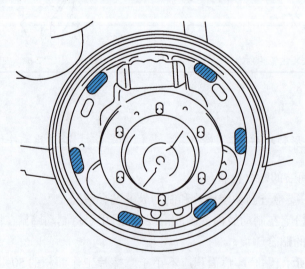

图 2-68 后挡板与摩擦片

涂敷耐高温润滑脂是为了减少摩擦片与挡板之间的摩擦阻力。

> **小提示**
>
> 耐高温润滑脂不能涂敷过多,以免多余的润滑脂沾到摩擦片和制动鼓的工作面上,造成该侧车轮的制动力不足,引发制动跑偏。

②在调整器上涂敷耐高温润滑脂。　　　　　　　　　　　　　　　　　　□任务完成

如图2-69所示,在箭头所指部位涂敷耐高温润滑脂。

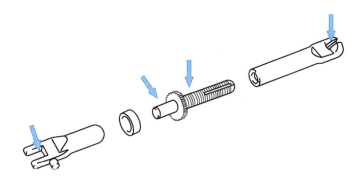

图2-69　涂敷耐高温润滑脂

（2）调整器安装。

①如图2-70所示,将复位弹簧装到调整器上。　　　　　　　　　　　　□任务完成

②将调整器装到调整杆上。　　　　　　　　　　　　　　　　　　　　□任务完成

③如图2-71所示,安装调整杆复位弹簧。　　　　　　　　　　　　　　□任务完成

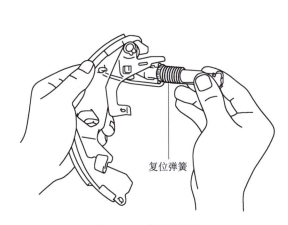

图2-70　安装复位弹簧

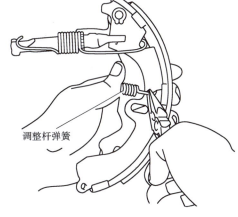

图2-71　安装调整杆复位弹簧

④在安装调整器时为什么要把调整器回缩到最短的位置?

（3）前制动蹄安装。

①将驻车制动器拉索装到驻车制动器拉杆上。　　　　　　　　　　　　□任务完成

②如图2-72所示,将驻车制动器拉索装到摇臂上。　　　　　　　　　　　□任务完成

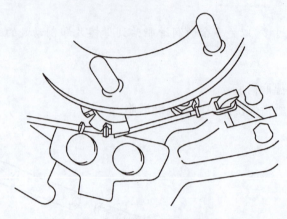

图2-72　安装驻车制动器拉索

 小提示

在安装前制动蹄之前,务必要检查驻车制动器拉索是否已装到摇臂上。

③使前制动蹄的一端装入活塞并将其固定在适当的位置。　　　　　　　　□任务完成
④如图2-73所示,使用专用工具(编码:SST 09718—00010)安装制动蹄压簧、弹簧座和销子。
　　　　　　　　　　　　　　　　　　　　　　　　　　　　　　　　□任务完成

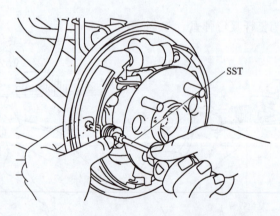

图2-73　安装前制动蹄压簧

 小提示

要注意2个弹簧座的安装方向,不可反向安装。

(4)后制动蹄安装。
①如图2-74所示,将制动蹄拉簧装到前、后制动蹄上。　　　　　　　　　□任务完成
②使后制动蹄的一端装入活塞并将其固定在适当的位置。　　　　　　　　□任务完成
③如图2-75所示,使用专用工具(编码:SST 09718—00010)安装后制动蹄压簧、弹簧座和销子。
　　　　　　　　　　　　　　　　　　　　　　　　　　　　　　　　□任务完成

学习任务2 制动器的维护与修理

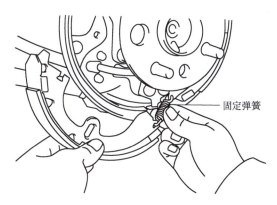

图2-74 安装后制动蹄

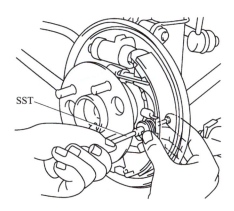

图2-75 安装后制动蹄压簧

④如图2-76所示,使用专用工具(编码:SST 09703—30010)安装复位弹簧。　　□任务完成
⑤如图2-77所示,用砂纸轻轻擦磨制动摩擦片和制动鼓内壁表面,以清洁摩擦面。　　□任务完成

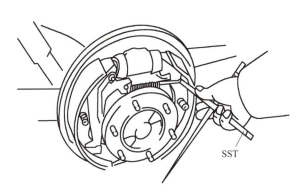

图2-76 安装复位弹簧

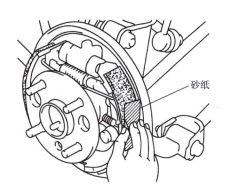

图2-77 清洁制动摩擦片

小提示

摩擦片中可能含有石棉材料,制动器工作过程中产生的石棉粉尘对人体有害,因此,不能使用压缩空气来清洁制动器元件;在制动器的维修期间,应戴合适的口罩,以防吸入石棉粉尘。目前的国家标准要求,制动片应不含有石棉。

4)装配情况检查

在装配好制动器之后,还要进行相应的检查和调整,确保各部件已安装到位并且处于良好的性能状态。

(1)自动调整机构的工作情况检查。

①用手向后来回拉动调整钢索,检查调整螺栓的转动情况。　　□任务完成
如果不能转动螺栓,则应检查后制动器是否有部件安装不当。
②将调整器的长度尽可能调整到最短。　　□任务完成
③如图2-78所示,安装制动鼓。　　□任务完成
④将驻车制动器操纵杆上下来回拉动数次。　　□任务完成

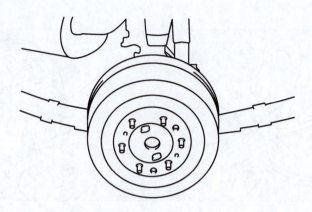

图 2-78　安装制动鼓

（2）制动摩擦片与制动鼓之间的间隙检查。

①拆下制动鼓。

②如图 2-79 所示，测量制动鼓的内径和摩擦片的直径，两者之差即为制动间隙，将测量结果记录在表 2-16 中。

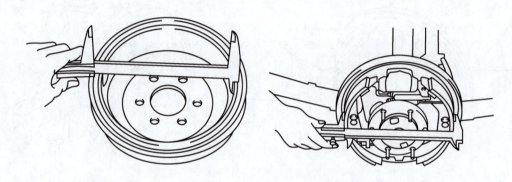

图 2-79　测量制动间隙

如制动间隙与标准值不相符，需要对驻车制动系统进行调整（见学习任务 5）。

制动间隙测量结果记录表　　　　　　　　　　　　　　　　　　　　　　　　表 2-16

标　准　值	测　量　值	是否合格
0.6mm		

③安装制动鼓。　　　　　　　　　　　　　　　　　　　　　　　　　　　　　□任务完成

④安装前轮并预紧。　　　　　　　　　　　　　　　　　　　　　　　　　　　□任务完成

⑤按规定力矩拧紧车轮螺母。　　　　　　　　　　　　　　　　　　　　　　　□任务完成

拧紧力矩为：_____N·m。

10. 在完成制动器安装之后还需要做哪些工作？

（1）向制动器储液罐内注入制动液，并排除制动系统内的空气（见学习任务 1）。

（2）检查制动系统是否有制动液渗漏现象（见学习任务 1）。

（3）进行制动性能测试（见学习任务 7）。

三、评价反馈

1. 使用（维修）案例分析

故障现象：一辆2012款丰田卡罗拉轿车，行驶里程为56000km，车主反映车辆制动距离过长。

检修过程：维修人员试车后发现制动距离明显过长，制动时感觉制动力不足。进行制动系统排气，故障依旧。观察此车的制动盘，已经进行过改装，制动盘换成了带有通风孔的大尺寸制动盘。换回原车配置的制动盘进行路试，制动性能没有明显改善。拆下制动摩擦块，发现摩擦块上的接触痕迹只有几个点。

故障排除：拆下制动摩擦块，用细砂纸仔细打磨凸出点，以使制动摩擦块进行快速磨合。车辆使用一段时间后，制动性能明显改善，故障最终排除。制动摩擦块和制动盘是产生制动力的直接部件，在实际检修工作中，应该重点检查摩擦块和制动盘是否经过改装以及配件是否合格。

(1) 解释为什么制动摩擦块与制动盘接触不良会导致车辆制动距离过长？

(2) 在制动器维修过程中，有哪些操作不当会造成制动距离过长？

2. 学习自测题

(1) 甲技师说：安装新的制动蹄时，应当在制动蹄的两端金属部位涂上少量的制动器润滑脂。乙技师说：安装新的制动蹄时，在制动底板金属与制动蹄金属相接触的地方均应涂上润滑脂。谁正确？
（　　）
　　A. 只有甲正确　　　　B. 只有乙正确　　　　C. 两人均正确　　　　D. 两人均不正确

(2) 甲技师说：用游标卡尺测量制动鼓直径时，应在几个不同位置测量；乙技师说：必须用游标卡尺测量制动鼓壁厚。谁正确？（　　）
　　A. 只有甲正确　　　　B. 只有乙正确　　　　C. 两人均正确　　　　D. 两人均不正确

(3) 制动时，制动踏板的行程过大，下列哪项可能是其中的原因？（　　）
　　A. 制动轮缸的活塞被卡住　　　　　　B. 制动蹄与制动鼓间的间隙过大
　　C. 制动摩擦片磨损量过大　　　　　　D. 驻车制动器调整有误

(4) 制动盘径向圆跳动量过大，会造成制动时踏板跳动。（　　）
　　A. 正确　　　　　　　　　　　　　　B. 错误

(5) 盘式制动器制动效能比鼓式制动器好，是因为盘式制动器有自增力作用。（　　）
　　A. 正确　　　　　　　　　　　　　　B. 错误

3. 维修信息获取练习

(1) 查阅资料，结合你对制动器的认识，比较盘式制动器与鼓式制动器的优缺点。在正确的选项前打"√"。

□ 盘式制动器完全暴露于空气中，所以散热快

☐盘式制动器可自动调节制动间隙,而不必设置专门调节机构
☐热膨胀对盘式制动器制动效能的影响较鼓式制动器小
☐盘式制动器没有摩擦助势作用,制动效能较稳定
☐盘式制动器浸水后制动效能降低较少,并且恢复快
☐盘式制动器没有摩擦助势作用,制动效能较低

(2)查阅资料,解释什么是制动力的热衰退。运用专业知识,向顾客解释,汽车在下长坡道时,如何避免出现由于制动器过热而产生制动不足或失效的现象。

4. 学习目标达成度的自我检查(表2-17)

自 我 检 查 表   表2-17

序号	学习目标	达成情况(在相应的选项后打"√")		
		能	不能	如果不能,是什么原因
1	叙述液压制动系统的工作原理			
2	叙述制动器的种类及其特点			
3	根据给定的工作计划,在教师指导下,对制动器进行维护			
4	依据检查的结果,确定制动器的修理计划并按计划实施			
5	运用所学知识,为顾客提供与制动器使用相关的建议			

5. 日常表现性评价(由小组长或者组内成员评价)

(1)工作页填写情况。(　　)
　　A. 填写完整　　　　　B. 缺失0~20%　　　C. 缺失20%~40%　　　D. 缺失40%以上
(2)工作着装是否规范?(　　)
　　A. 穿着校服(工作服),佩戴胸卡　　　　B. 校服或胸卡缺失一项
　　C. 偶尔会既不穿校服又不戴胸卡　　　　D. 始终未穿校服、佩戴胸卡
(3)能否主动参与工作现场的清洁和整理工作?(　　)
　　A. 积极主动参与"5S"工作　　　　　　B. 在组长的要求下能参与"5S"工作
　　C. 在组长的要求下能参与"5S"工作,但效果差　　D. 不愿意参与"5S"工作
(4)升降汽车或起动发动机时,有无进行安全检查并警示其他同学?(　　)
　　A. 有安全检查和警示　　　　　　　　B. 无安全检查,有警示
　　C. 有安全检查,无警示　　　　　　　　D. 无安全检查,无警示
(5)是否达到全勤?(　　)
　　A. 全勤　　　　　　　　　　　　　　B. 缺勤0~20%(有请假)
　　C. 缺勤0~20%(旷课)　　　　　　　　D. 缺勤20%以上
(6)总体印象评价。(　　)
　　A. 非常优秀　　　　B. 比较优秀　　　　C. 有待改进　　　　D. 急需改进

(7)其他建议：

小组长签名：_____   _____年_____月_____日

6. 教师总体评价

(1)对该同学所在小组整体印象评价。（   ）

    A. 组长负责，组内学习气氛好

    B. 组长能组织组员按要求完成学习任务，个别组员不能达成学习目标

    C. 组内有30%以上的学员不能达成学习目标

    D. 组内大部分学员不能达成学习目标

(2)对该同学整体印象评价：
_____
_____。

教师签名：_____   _____年_____月_____日

学习任务3　制动主缸的检查与修理

学习目标

完成本学习任务后，你应当能：
1. 叙述制动主缸的组成、分类和工作原理；
2. 根据给定计划，在教师指导下，进行制动主缸的解体检查；
3. 依据检查结果，确定制动主缸的修理计划并按计划实施；
4. 分析制动主缸故障对制动性能的影响。

建议完成本学习任务为 10 学时

内容结构

- 制动主缸的组成和分类
- 制动主缸的拆卸
- 制动主缸的解体检查
- 制动主缸的工作原理
- 制动主缸的装配和安装

（中心主题：制动主缸的检查与修理）

学习任务描述

一辆汽车制动距离过长，需对其制动系统进行检查。已确认制动主缸以外的构件均正常，需对制动主缸进行检查与维修。

制动主缸是液压制动系统的核心之一，制动时驾驶员踩制动踏板的力通过制动主缸转换成制动液液压。制动主缸的损坏会引起制动管路液压异常变化，从而导致汽车制动性能下降。对制动主缸进行检查和维修，是汽车维修技术人员必须具备的基本能力之一。

学习任务3　制动主缸的检查与修理

一、学习准备

　1. 为便于对制动主缸进行检查和维修,请回忆其安装位置与作用,认识其组成与分类。

1)制动主缸装配位置及作用

观察学校试验用车,在图3-1、图3-2中,指出制动主缸在制动系统中的装配位置及作用,将相关内容填写在横线上。

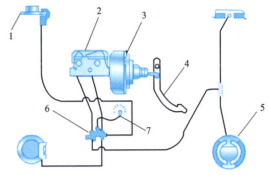

图3-1　典型汽车制动系统组成示意

1-_____;2-_____;3-_____;4-制动踏板;5-后轮鼓式制动器;6-制动组合阀;7-制动警告灯

图3-2　制动主缸装配位置示意

制动主缸一般与_____装配在一起,其作用是:_____。

2)制动主缸的组成

参照图3-3,查阅资料,完成表3-1。

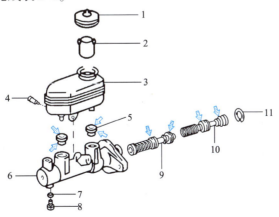

图3-3　制动主缸分解

制动主缸组成部件表　　　　　表 3-1

序号	零部件名称	序号	零部件名称	序号	零部件名称
1	储液罐盖	5		9	
2		6		10	
3		7		11	
4		8			

3）制动主缸的类型

制动主缸按活塞数分为单活塞制动主缸与串联双活塞制动主缸两种类型，如图 3-4、图 3-5 所示。_____式主缸比_____式主缸更常使用。

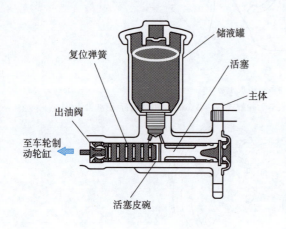

图 3-4　单活塞制动主缸

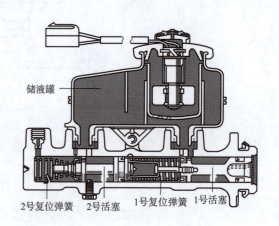

图 3-5　串联双活塞制动主缸

为什么更常用串联双活塞的制动主缸？

小提示

单活塞制动主缸对应的单管路制动系统安全性较差，按照国家标准规定，汽车必须配置双管路制动系统，以提高汽车行驶过程的安全性，在双管路制动系统中一般使用串联式双活塞制动主缸。

二、计划与实施

2. 准备检修一辆车的制动主缸。记录车辆的基本信息，查阅维修手册，准备制动主缸检查与修理所需的设备、工具与耗材。

1）记录车辆的基本信息

将车辆的基本信息记录在表 3-2 中。

学习任务3　制动主缸的检查与修理

车辆基本信息表　　　　　　　　　　　　　　　　　　　　　表3-2

车辆型号(VIN码)			
车牌号码		车型及行驶里程	
维修接待的维修意见			

2) 工作前准备

准备制动主缸检查与修理所需的设备、工具与耗材，并在表3-3中记录准备情况。

设备、工具与耗材准备记录表　　　　　　　　　　　　　　　表3-3

名　　称	型　　号	数量	是否会使用	是否准备好
举升设备			□是　□否	□是　□否
维修手册	—		□是　□否	□是　□否
扭力扳手			□是　□否	□是　□否
专用工具			□是　□否	□是　□否
常用工具			□是　□否	□是　□否
润滑脂			□是　□否	□是　□否
制动液			□是　□否	□是　□否
干净抹布	—		□是　□否	□是　□否

 3. 在进行制动主缸解体检查或更换之前需将其就车拆卸，该如何拆卸制动主缸(以丰田卡罗拉轿车为例)？

(1)读取并记录电子控制单元(Electronic Control Unit,以下简称"ECU")储存的必要信息：发动机故障代码、收音机电台频道和座椅位置等；关闭点火开关并拔出钥匙。　　　　　　　　　□任务完成

(2)从蓄电池接线柱上拆下负极电缆。　　　　　　　　　　　　　　　　　　　　　□任务完成

(3)查阅维修手册，参照图3-6，确定下列附件的拆卸顺序，用连线将顺序号与对应的附件连接起来，经教师确认后实施拆卸。　　　　　　　　　　　　　　　　　　　　　　　　　　　□任务完成

小提示

从真空助力器上拆下主缸前，确保释放助力器内的真空压力(发动机停止时，数次踩下制动踏板)。

附件拆卸顺序：

拆卸顺序号	附件
1	左前、右前刮水器臂和刮水片总成
2	前围板右上、左上通风栅板
3	2号汽缸盖罩
4	前刮水器臂端盖
5	风窗玻璃刮水器电动机及连杆
6	发动机罩至前围上侧密封

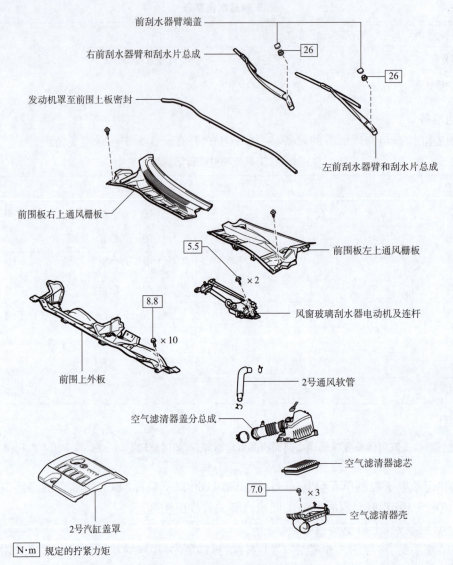

图 3-6　与制动主缸拆卸相关的附件

（4）如图 3-7 所示，用吸液器吸出制动主缸储液罐的制动液。　　　　　　　□任务完成

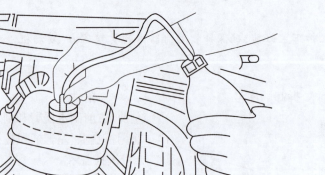

图 3-7　吸出制动主缸内制动液

小提示

制动液具有较强的腐蚀性,应在制动主缸下方放置抹布,以免制动液滴到零部件上后腐蚀零部件表面。

如果不小心,制动液沾到车身上时,需要采取相应措施。在正确的选项前打"√"。
□用手擦干净
□先迅速用抹布擦干净,再用水清洗
□等维修作业结束之后再用水清洗

(5)拆卸前围上外板。
①脱开卡夹,并如图3-8所示弯曲右侧防水片。　　　　　　　　　□任务完成
②脱开线束卡夹。　　　　　　　　　　　　　　　　　　　　　　□任务完成
③拆下10个螺栓和前围上外板,如图3-9所示。　　　　　　　　　□任务完成

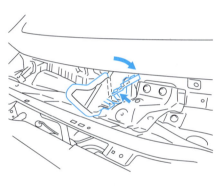

图3-8　弯曲右侧防水片

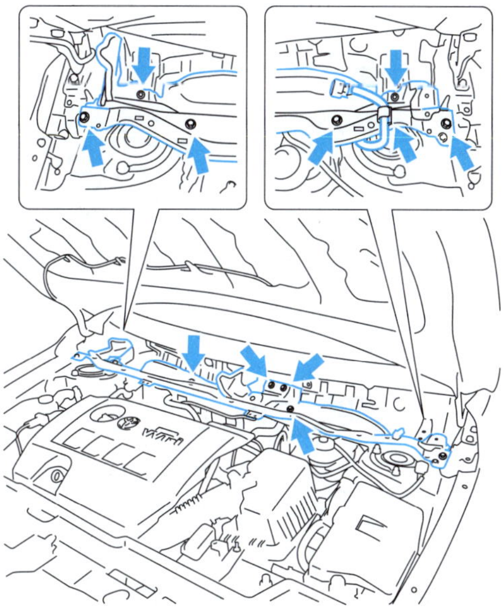

图3-9　拆下螺栓和前围上外板

(6)拆卸空气滤清器盖和空气滤清器壳。　　　　　　　　　　　　□任务完成
(7)用连接螺母扳手(10mm)从制动主缸分总成上断开2个制动管路,如图3-10所示。　□任务完成

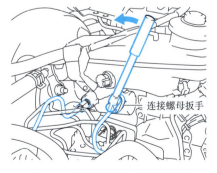

图3-10　断开制动主缸的制动管路

(8)拆卸制动主缸分总成。

①断开连接器并脱开2个卡夹,如图3-11所示。　　　　　　　　　　　　　　　□任务完成

②拆下2个螺母、卡夹支架和制动主缸分总成,如图3-12所示。　　　　　　　□任务完成

③从制动主缸分总成上拆下O形圈,如图3-13所示。　　　　　　　　　　　　□任务完成

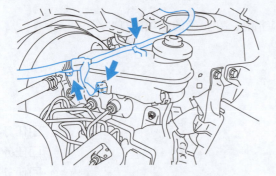

图3-11　断开制动主缸连接器和卡夹

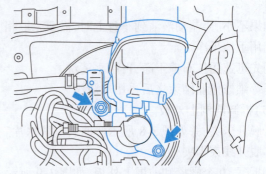

图3-12　拆下制动主缸分总成

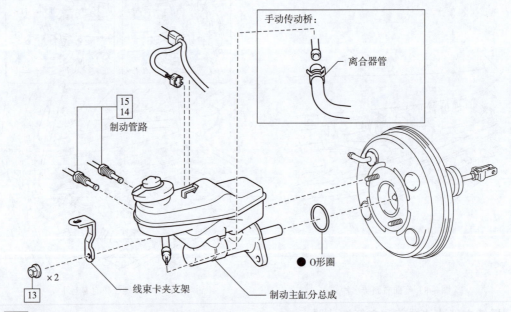

图3-13　拆下制动主缸的O形圈

小提示

(1)主缸需要小心处理。避免主缸遭受任何冲击,例如主缸掉落。掉落的主缸不能重复使用。

(2)不要敲击或捏住主缸活塞,且不要用任何其他方式使主缸活塞损坏。

(3)将主缸安装至真空助力器或从真空助力器上拆下主缸时,应确保主缸水平或端面向下(活塞面朝上)以防主缸活塞掉落。

(4)不要让任何异物污染主缸活塞。如果活塞沾染异物,应用抹布或布条将其擦掉,然后在活塞周边(滑动部件)上均匀涂抹锂皂基乙二醇润滑脂。

4. 为了找到导致制动主缸故障的原因,需要对制动主缸进行分解检查,如何解体检查制动主缸(以金杯轻型客车为例)?

1)分解制动主缸

图3-14所示为制动主缸分解图。

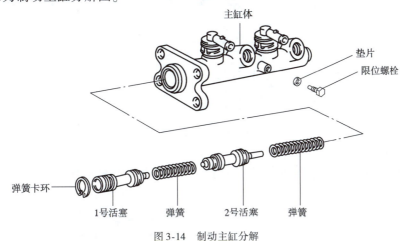

图3-14 制动主缸分解

(1)拆下活塞限位螺栓。

①在台虎钳的钳口上放好铝板,并将主缸夹紧。　　　　　　　　　　　　□任务完成

小提示

在台虎钳的钳口上放置铝板以防止损伤制动主缸。

②如图3-15所示,使用裹有胶带的螺丝刀将活塞向内推到底,并拆下活塞限位螺栓。　□任务完成

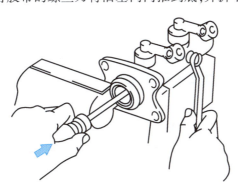

图3-15 拆卸活塞限位螺栓

为什么要用胶带包住螺丝刀工作部位?

小提示

如图3-16所示,不要拆卸制动主缸的进油管接头,以免增加不必要的维修作业量。

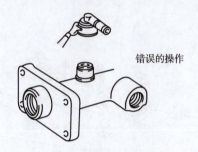

图3-16 进油管接头

(2)拆下活塞和弹簧。

①如图3-17所示,用螺丝刀推入活塞,并用弹簧卡环钳子拆下弹簧卡环。　　　□任务完成

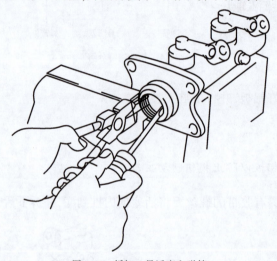

图3-17 拆卸1号活塞和弹簧

②拆出1号活塞和弹簧,注意要将活塞笔直拉出。　　　□任务完成

小提示

在拆卸或安装活塞时必须保持其与主缸垂直,否则,活塞可能会刮伤缸壁。

③如图3-18所示,在工作台上放一块抹布和两根木块,然后对着木块轻轻地敲击主缸凸缘部分,直到2号活塞滑出主缸。　　　□任务完成

小提示

抹布至木块顶部之间的距离 A 需要大于100mm,如图3-18所示。

2)检查制动主缸零件

(1)如图3-19所示,使用制动液和刷子清洗制动主缸,再用高压空气吹干各零件。

□任务完成

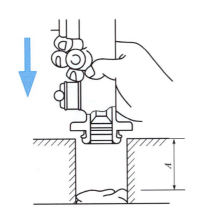

图 3-18 拆卸 2 号活塞和弹簧

图 3-19 清洗制动主缸

 小提示

制动液有腐蚀性,在清洗制动主缸时,要戴上橡胶手套,以避免手直接接触制动液。

如何妥善处理使用过的制动液?在正确的选项前打"√"。
☐ 直接倒入垃圾桶
☐ 倒入下水道
☐ 回收再利用
☐ 集中回收并交由相关处理机构回收处理

(2)检查制动主缸缸壁是否生锈或有刮痕,如图 3-20 所示。　　☐生锈　　☐刮痕　　☐正常

图 3-20 检查制动主缸

 小提示

若主缸缸壁有生锈或刮痕,则应检查制动液是否含有过多的水分、杂质。

(3)检查缸壁是否已磨损。　　　　　　　　　　　　　　　　　　☐是　　☐否

 小提示

若主缸缸壁有磨损,则应检查制动液是否含有过多的水分、杂质或推杆与主缸是否平行。

(4)检查皮碗是否有磨损或破裂。　　　　　　　　　　☐磨损　　☐破裂　　☐正常

 小提示

若皮碗已磨损或破裂,则应检查制动液是否变质、杂质过多或是否有错用制动液等情况。

(5)检查活塞弹簧是否有弯曲变形、生锈或断裂等现象。　□变形　　□生锈　　□断裂　　□正常

3)记录检查结果

将检查制动主缸的结果填入表3-4中，根据检查结果提出维修意见。

主缸零部件的检查记录表　　　　　　　　　　　　　表3-4

检查零件	主缸缸壁	皮碗	活塞弹簧
检查结果			
维修意见			

小提示

制动主缸缸壁一旦出现损坏，则应更换制动主缸总成；其余零件损坏则可以通过更换修理包进行维修。

查询金杯轻型客车制动主缸和制动主缸修理包的价格分别是多少？比较更换制动主缸和更换主缸修理包两种修理方法所产生的修理费用差价。

5. 制动时驾驶员踩制动踏板的力通过制动主缸的作用转换成制动液的液压，制动主缸是怎样工作的？

1)制动液液压的产生和传递

(1)如图3-21所示，驾驶人踩制动踏板的力通过推杆和活塞，作用在被密闭的制动液上，由于液体是很难被压缩的，制动液将受到的压力从主缸传递到各轮缸。

(2)请根据学过的物理知识(帕斯卡定律)，判断图3-21中上下两个不同面积的轮缸哪一个输出的推力大？

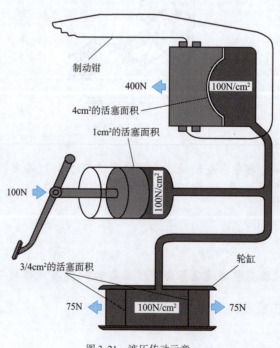

图3-21　液压传动示意

推力较大的是：　　　　　　　　　　　□横截面积大的轮缸　　□横截面积小的轮缸

2)制动主缸的工作过程

(1)不踩制动踏板时。

如图3-22所示,每个制动主缸的活塞皮碗处于_____与_____之间。

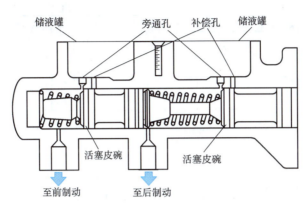

图3-22 主缸处于不制动状态

(2)踩下制动踏板时。

如图3-23所示,活塞向前移动,_____被关闭,随着推杆的前移,活塞皮碗前端封闭的工作腔液压升高,活塞的后端通过_____填充制动液(图3-24),避免活塞的后部形成真空。2号活塞在1号活塞的压力下向前移动。如果由于某种原因,如发生泄漏,1号活塞将不能产生压力,1号活塞前端的机械联动机构将与2号活塞接触,将其往前推进并产生液压,保证车辆仍然具有一半的制动能力。

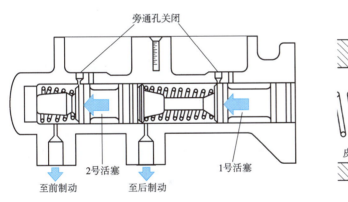

图3-23 主缸处于制动状态

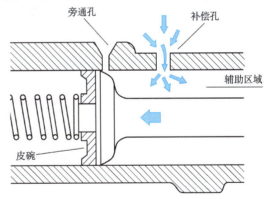

图3-24 补偿孔的作用

选出主缸壁磨损或活塞皮碗破裂所造成的影响,在正确的选项前打"√"。

□踩下制动踏板时,液压制动系统不能形成有效密封
□踩下制动踏板时,主缸液压不足
□踩下制动踏板时,主缸液压过大
□对主缸的工作没有影响

(3)松开制动踏板时。

推杆和制动主缸活塞上的压力被解除,制动踏板联动机构上的复位弹簧使踏板回到正常的静止状态。主缸前端的弹簧张开,将活塞往后推,同时整个制动系统压力被_____(释放/建立)。在活塞向后移动时,向前卷曲的皮碗使制动液流向活塞前。如图3-25所示,有些活塞上有一些小孔可以使制动液的流动更加迅速。如图3-26所示,一旦活塞皮碗越过旁通孔,剩余的制动液将流回_____。

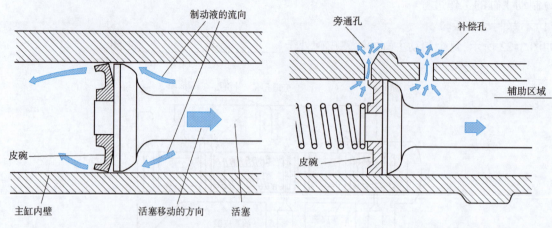

图3-25 制动液的补充　　　　　　　图3-26 制动液回流

选出补偿孔和旁通孔堵塞所造成的影响,在正确的选项前打"√"。
□松开制动踏板时,系统液压不能及时解除
□踩下制动踏板时,主缸液压不足
□踩下制动踏板时,主缸液压过大
□对主缸的工作没有影响

(4)反复踩下制动踏板时。

当释放制动踏板时,主缸活塞向后移动,制动液的一部分通过补偿孔向上回流,但大多数的制动液则流过活塞皮碗到达前方。因此,当驾驶人在上下反复踩下制动踏板时,由于制动液的补充,活塞皮碗前的工作腔制动液会相应增加。

6. 只有规范地进行制动主缸的装配和安装才能保障液压制动系统的可靠运行,那么,该如何进行规范装配与安装?

1)装配制动主缸(以金杯轻型客车为例)
(1)涂敷润滑脂。
如图3-27所示,在各活塞的橡胶零件上涂敷维修手册指定的润滑脂。　　　　□任务完成

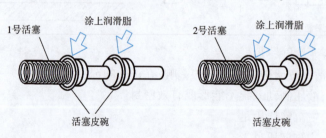

图3-27 涂敷润滑脂

润滑脂主要起_____(润滑/密封)作用,方便安装,同时要避免橡胶零件与主缸缸壁因发生过度的摩擦而损坏的现象。

小提示

必须使用指定的润滑脂,否则,可能造成橡胶零件发胀而出现安全隐患。

学习拓展

最为广泛的润滑脂是皂基润滑脂。其他常用润滑脂有钙基、钠基、锂基、钙钠基和复合钙基等润滑脂,表3-5给出了几种常见润滑脂的特性及适用范围。

常见润滑脂的性能特点　　　　　表3-5

润滑脂种类	性　　能	用　　途
钙基润滑脂	抗水性好,耐热性差,使用寿命短	适用于汽车轮毂轴承、底盘拉杆球节、水泵轴承、分电器凸轮等部位
钠基润滑脂	耐热性好,抗水性差,有较好的挤压减磨性能	适用于低速高负荷轴承,不能用在潮湿环境或水接触部位
钙钠基润滑脂	耐热性、抗水性介于钙基和钠基脂之间	适用于不太潮湿条件下的滚动轴承,如底盘、轮毂等处的轴承
复合钙基润滑脂	较好的机械安定性和胶体安定性,耐热性好	适用于汽车轮毂轴承等处的润滑
汽车通用锂基润滑脂	良好的机械安定性、胶体安定性、防锈性、氧化安定性、抗水性	适用于汽车轮毂轴承、水泵、发电机等各摩擦部位润滑,车辆普遍推荐使用此油脂

(2)活塞和弹簧安装。
①按图3-28所示将2个弹簧和活塞装入主缸。　　　　　　　　　　　□任务完成
②用裹有胶带的螺丝刀将活塞垂直推入制动主缸,并用卡环钳装上弹簧卡环。　□任务完成

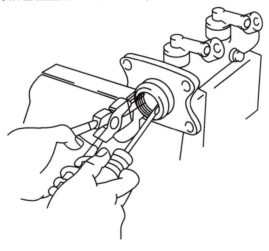

图3-28　安装弹簧和活塞

(3)活塞限位螺栓安装。
①如图3-29所示,使用螺丝刀将活塞完全推到底,并装上套有垫片的活塞限位螺栓。　□任务完成
②用规定力矩拧紧螺栓,力矩为:_____N·m。　　　　　　　　　　□任务完成
思考:为什么必须把活塞完全推到底才能拧紧活塞限位螺栓?

活塞限位螺栓是对_____(1号/2号)活塞限位用的,如果活塞没有完全推入就安装限位螺栓,螺栓

可能将2号活塞卡死,导致该管路的制动失效。

(4)进油管接头安装角度检查。

如图3-30所示,检查进油管接头的安装角度。　　　　　　　　　　　　　□任务完成

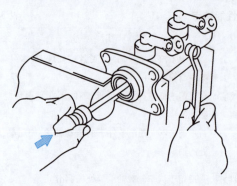
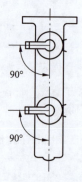

图3-29　安装活塞限位螺栓　　　　　　　　　图3-30　检查进油管接头

2)安装制动主缸(以丰田卡罗拉轿车为例)

(1)检查和调整真空助力器推杆与主缸活塞之间的间隙。

小提示

在真空助力器为非真空的状态下进行调整(发动机停止时,数次踩下制动踏板)。

①在附属工具的头部涂抹白垩粉。　　　　　　　　　　　　　　　　　　□任务完成

小提示

附属工具同新制动主缸分总成封装在一起。

②如图3-31所示,将附属工具放置在真空助力器上。　　　　　　　　　　□任务完成

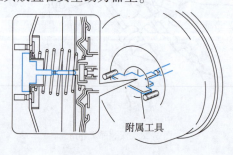

图3-31　附属工具放置

③检查真空助力器推杆和附属工具之间的间隙,将测量结果记录在表3-6中。　□任务完成

真空助力器推杆与附属工具之间间隙检查表　　　　　　　　　　　　　　表3-6

标　准　值	测量结果是否为零	是否要调整
0	□是　□否	□是　□否

在下列情况下调整间隙:

如果附属工具和真空助力器壳之间有间隙(附属工具浮动),则助力器推杆突出过度;

如果白垩粉没有粘到真空助力器推杆的头部,则助力器推杆凸出不足。

学习任务3 制动主缸的检查与修理

④如果间隙不符合规定,如图 3-32 所示,用专用工具(编码:SST 09737-00020)固定推杆并用套筒螺丝刀(7mm)转动推杆头部,以调整真空助力器推杆长度。　　□任务完成

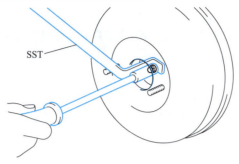

图 3-32　调整推杆长度

如果间隙过大,则制动踏板自由行程会_____(过大/过小);如果间隙过小,则主缸的活塞不能回到正确的位置,导致旁通孔_____(关闭/开启),使得制动液_____(能/不能)自由回到储液罐中,从而造成制动_____(拖滞/跑偏)。因此,如果间隙与标准不符,必须调整助力器推杆长度。

> **小提示**
>
> 重新安装时,需要调整真空助力器推杆的长度。

(2)安装制动主缸分总成。
①将新 O 形圈安装至制动主缸分总成,位置如图 3-13 所示。　　□任务完成
②用 2 个螺母安装卡夹支架和制动主缸分总成,位置如图 3-12 箭头所示。
　安装螺母的规定力矩:_____N·m。　　□任务完成
③接合 2 个卡夹并连接连接器,位置如图 3-11 箭头所示。　　□任务完成
(3)根据图 3-10 所示断开制动主缸的制动管路,用连接螺母扳手(10mm)将 2 个制动管路连接至制动主缸分总成。
　安装螺母的规定力矩:_____N·m。　　□任务完成

在连接制动管时,需要先用手拧紧各螺母,再用专用工具拧紧。用手先预紧以保证内外螺纹的正确啮合,如果内外螺纹没有正确啮合就被强行拧入,会造成什么后果?在正确的选项前打"√"。
□螺纹损坏
□管接头不能很好密封而漏油
□制动管破裂

(4)安装空气滤清器盖和空气滤清器壳。　　□任务完成
(5)安装前围上外板。
①用 10 个螺栓安装前围上外板,位置如图 3-9 箭头所示。
　安装螺栓的规定力矩:_____N·m。　　□任务完成
②接合线束卡夹。　　□任务完成
③如图 3-8 所示,弯曲右侧防水片并接合卡夹。　　□任务完成
(6)安装风窗玻璃刮水器电动机及连杆。　　□任务完成
(7)安装前围板右上、左上通风栅板。　　□任务完成
(8)安装发动机罩至前围上侧密封。　　□任务完成
(9)安装左前、右前刮水器臂和刮水片。　　□任务完成

（10）安装前刮水器臂端盖。　　　　　　　　　　　　　　　　　　　□任务完成
（11）安装 2 号汽缸盖罩。　　　　　　　　　　　　　　　　　　　　□任务完成

7. 在更换制动主缸之后，必须排除制动主缸及制动管路内的空气，该怎样排除？

1）排除制动主缸的空气

（1）向制动主缸储液罐加注制动液。　　　　　　　　　　　　　　　□任务完成

在制动主缸下面放置一块抹布，以免制动液滴到零部件上，腐蚀零部件表面；加注制动液到规定的位置，如图 3-33 所示。

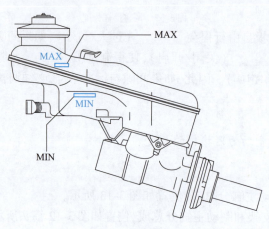

图 3-33　液面位置示意

 小提示

制动液不能混合使用，在加注时一定要分辨制动液的品牌和型号。

（2）从制动主缸上断开制动管。　　　　　　　　　　　　　　　　　□任务完成
（3）如图 3-34 所示，缓慢踩下制动踏板并保持静止。　　　　　　　□任务完成
（4）如图 3-35 所示，用手指堵住 2 个外孔，并松开制动踏板。　　　□任务完成

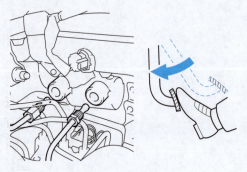

图 3-34　主缸排气图示一　　　　　　　图 3-35　主缸排气图示二

（5）重复（3）和（4）3～4 次。　　　　　　　　　　　　　　　　　□任务完成
（6）将各制动器管路连接到制动主缸上。　　　　　　　　　　　　　□任务完成

小提示

与制动管路的排气一样,主缸的排气作业需要两人配合完成。要一边排气,一边往储液罐补充制动液,确保储液罐内液位正常,如果制动液补充不及时,空气就会从储液罐进入主缸和管路。

2)排除制动管路的空气

排除制动管路的空气见学习任务1。

 8. 在完成制动主缸更换之后还要做哪些工作?

(1)制动踏板的检查和调整(见学习任务1)。
(2)检查制动管路是否有制动液渗漏现象(见学习任务1)。
(3)通过路试或制动试验台架测试,确保制动性能达到使用要求(见学习任务7)。

三、评价反馈

1. 学习自测题

(1)制动主缸一般装配在( )之后。
　　A. 制动踏板　　　B. 真空助力器　　　C. 储液罐　　　D. 制动主缸
(2)制动主缸的作用是将驾驶员( )转化成制动液的( )。
　　A. 踩踏板力、液压　　　　　　　B. 控制力、液压
　　C. 控制力、流动　　　　　　　　D. 踩踏板力、流动
(3)通常,( )式的制动主缸比( )式的更常用。
　　A. 单活塞　串联双活塞　　　　　B. 单活塞　并联双活塞
　　C. 串联双活塞　单活塞　　　　　D. 并联双活塞　单活塞
(4)制动液压系统中的压强处处( ),各个轮缸的制动力大小取决于轮缸活塞( )的大小。
　　A. 不相等、面积　B. 相等、压强　C. 不相等、压强　D. 相等、面积
(5)不踩制动踏板时,制动主缸的活塞皮碗处于_____与_____之间。
(6)踩下制动踏板时,制动主缸的活塞向前移动,_____孔被关闭,起到封闭工作腔的作用。
(7)制动主缸有哪些常见故障,在正确的选项前打"√"。
　　□主缸壁磨损、刮伤
　　□皮碗破损
　　□皮碗发胀变形
　　□活塞复位弹簧过软或折断
　　□补偿孔或旁通孔堵塞
(8)如果制动主缸皮碗发胀变形,可能会导致制动系统产生什么故障?

2. 学习目标达成度的自我检查(表3-7)

自我检查表　　　　　　　　　　　　　　　　　　　　　　　　表3-7

序号	学习目标	达成情况(在相应的选项后打"√")		
		能	不能	如果不能,是什么原因
1	叙述制动主缸的结构组成			
2	叙述制动主缸的分类			
3	叙述制动主缸的基本作用			
4	叙述制动主缸的工作原理及其工作过程			
5	制定制动主缸修理计划并按计划实施			
6	对制动主缸从车辆上进行拆卸与安装			
7	对制动主缸进行分解检查维修			
8	分析制动主缸故障对制动性能的影响			

3. 日常表现性评价(由小组长或者组内成员评价)

(1)工作页填写情况。(　　)

  A. 填写完整　　　　B. 缺失0～20%　　　　C. 缺失20%～40%　　　　D. 缺失40%以上

(2)工作着装是否规范?(　　)

  A. 穿着校服(工作服),佩戴胸卡　　　　B. 校服或胸卡缺失一项

  C. 偶尔会既不穿校服又不戴胸卡　　　　D. 始终未穿校服、佩戴胸卡

(3)能否主动参与工作现场的清洁和整理工作?(　　)

  A. 积极主动参与"5S"工作

  B. 在组长的要求下能参与"5S"工作

  C. 在组长的要求下能参与"5S"工作,但效果差

  D. 不愿意参与"5S"工作

(4)在制动试验台作业时,有无进行安全检查并警示其他同学?(　　)

  A. 有安全检查和警示　　　　B. 无安全检查,有警示

  C. 有安全检查,无警示　　　　D. 无安全检查,无警示

(5)是否达到全勤?(　　)

  A. 全勤　　　　B. 缺勤0～20%(有请假)

  C. 缺勤0～20%(旷课)　　　　D. 缺勤20%以上

(6)总体印象评价。(　　)

  A. 非常优秀　　　　B. 比较优秀　　　　C. 有待改进　　　　D. 急需改进

(7)其他建议:

小组长签名:_____　　　　_____年_____月_____日

4. 教师总体评价

(1)对该同学所在小组整体印象评价。(　　)

  A. 组长负责,组内学习气氛好

B. 组长能组织组员按要求完成学习任务,个别组员不能达成学习目标

C. 组内有30%以上的学员不能达成学习目标

D. 组内大部分学员不能达成学习目标

(2) 对该同学整体印象评价:

_____

_____

_____。

教师签名:_____　　　　　_____年_____月_____日

学习任务 4　真空助力装置的检查与修理

学习目标

完成本学习任务后,你应当能:
1. 叙述真空助力装置的作用、结构与工作原理;
2. 根据给定的计划,独立地对真空助力装置进行检测;
3. 查阅维修手册,规范更换真空助力器;
4. 分析制动系统助力失效的原因。

建议完成本学习任务为 8 学时

内容结构

- 助力装置的组成和作用
- 真空管路的检查
- 真空助力装置的检测
- 真空助力器的工作原理
- 真空助力器的更换

中心主题:真空助力装置的检查与修理

学习任务描述

一车主反映在踩制动踏板时感觉踏板过硬,制动力明显不足,因此,需要对真空助力装置进行检查,必要时进行修理。

汽车的制动系统通常配置有制动助力装置,其作用是将踩制动踏板的力放大,以产生更大的汽车制

学习任务4 真空助力装置的检查与修理

动力,减轻驾驶人的操作强度,提高驾驶的舒适性和行车安全性。如果制动助力装置失效,制动力将会大幅度下降,甚至造成交通事故。作为汽车维修人员,应能够根据故障现象,准确、高效地找出制动助力装置的故障原因并排除。

一、学习准备

  1. 制动助力装置具有将驾驶人踩制动踏板的力放大,使车辆产生更大制动力的作用,找出其在汽车中的安装位置,常见类型有哪些?

1)制动助力装置装配位置及作用

观察学校试验用车以及阅读图4-1和图4-2,指出制动助力装置在汽车制动系统中的装配位置及作用,将相关内容填写在横线上。

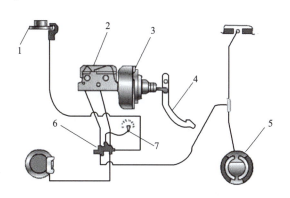

图4-1 典型汽车制动系统的组成示意

1-前轮盘式制动器;2-制动主缸;3-_____;4-_____;5-_____;6-制动组合阀;7-制动警示灯

制动助力装置的装配位置在_____与_____之间,其作用是:_____。

  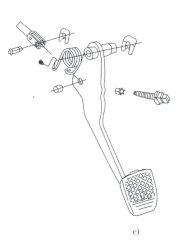

a)   b)   c)

图4-2 制动助力装置装配位置示意

2)制动助力装置的类型

如图4-3、图4-4所示,制动助力装置常见的类型有真空助力装置和液压助力装置。观察学校试验用车装配哪种类型制动助力装置。

制动助力装置类型:　　　　　　　　　　　　　□真空助力装置　　□液压助力装置

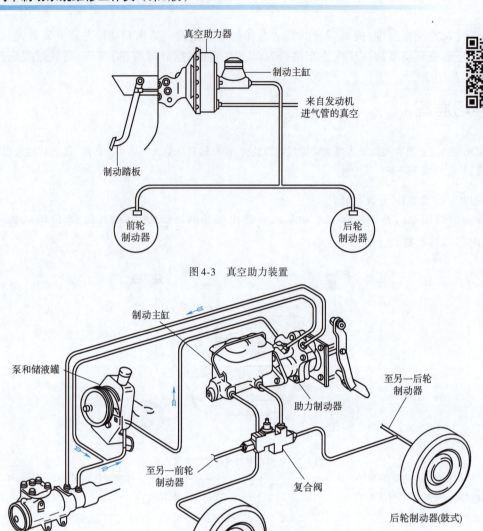

图 4-3 真空助力装置

图 4-4 液压助力装置

2. 真空助力器是目前应用较广的制动助力装置,它是如何工作的?

1) 试验真空助力器的作用

起动一辆真空助力器正常的实习用车,分别在助力器真空软管脱开和接通的情况下,踩下制动踏板,比较在这两种情况下,踩下制动踏板的行程和踩下制动踏板需要的力,记录试验结果:

与接通相比,脱开真空管时,踩下制动踏板的行程_____(较大/较小);踩制动踏板所需的力_____(较大/较小)。

2) 真空助力器的工作原理

真空助力器装在制动踏板和制动主缸之间,总体结构如图 4-5 所示。膜片将助力器分隔为两个腔,当踩制动踏板时,膜片的左侧接通_____,而右侧连通_____,于是膜片的两侧产生压力差。压力差通过膜片形成的推力,与踩制动踏板上的力同时作用在_____上,即作用在制动主缸上有两个力,一是踩制动踏板上的力,另一是助力器产生的增力。

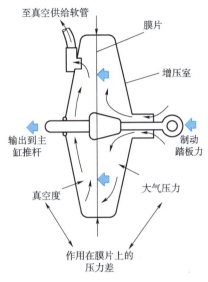

图 4-5 真空助力器工作原理示意

3)制动助力器产生的助力大小计算

已知真空源提供真空度为 66.7kPa,大气压为 101.4kPa,膜片直径为 155mm,面积为 189cm²,请计算真空助力器提供的助力大小。

计算助力的公式为:
$$F = P \times S$$

式中:F——助力器产生的助力,单位是牛顿(N);

P——膜片两侧的压强差,单位是帕斯卡(Pa),P 的大小是:
        □66.7Pa □66700Pa □34.7Pa □34700Pa;

S——膜片面积,单位是平方米(m²),S 的大小是: □189m² □0.0189m²

则 $F = P \times S =$ _____

4)真空的来源

对于汽油机来说,真空是从发动机进气歧管处获得。汽油机的节气门对进气时的空气流量有节流的作用,在节气门后面的进气歧管内产生较大的真空度,真空助力器是通过真空软管从_____处获得真空。

对于柴油机来说,由于没有节气门,进气歧管处的真空度很小或几乎没有,所以,柴油车要装配发动机带动的真空泵或由电动机带动的真空泵,为真空助力器提供真空源。

观察实习用车,找出其制动助力装置的真空源。

真空源来自: □进气歧管 □真空泵

二、计划与实施

 3. 准备检查一辆车的真空助力器。记录车辆的基本信息,查阅维修手册,准备相应的制动助力装置检查与修理所需要的设备、工具与耗材等。

1)记录车辆的基本信息

将车辆的基本信息记录填于表 4-1 中。

车辆基本信息表 表4-1

车辆型号(VIN码)			
车牌号码		车型及行驶里程	
维修接待的维修意见			

2）工作准备

准备制动助力装置的检查与修理所需要的设备、工具与耗材等，并在表4-2中记录。

设备、工具与耗材准备记录表 表4-2

名称	型号	数量	是否会使用	是否准备好
扭力扳手			□是 □否	□是 □否
维修手册	—		□是 □否	□是 □否
专用工具			□是 □否	□是 □否
常用工具			□是 □否	□是 □否
干净抹布	—			□是 □否

4. 车辆出现制动踏板过硬、制动力明显不足的现象，极有可能是制动助力装置失效导致的，因此，需要首先对其进行就车检查，如何检查？

1）真空助力器功能检查

（1）如图4-6a）所示，发动机处于停机状态，连续踩下制动踏板数次。　　　　　□任务完成

（2）如图4-6b）所示，踩住制动踏板后，起动发动机，检查制动踏板是否下沉。

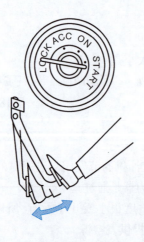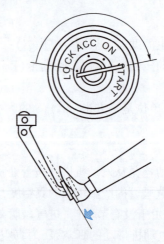

a) 连续踩下制动踏板　　　　　b) 踩住制动踏板起动发动机

图4-6 真空助力装置的功能检查

检查结果记录：　　　　　　　　　　　　　　　　　　　　　　　　□下沉　　□不下沉

（3）若检查结果是制动踏板下沉，则表示助力装置起作用；反之，则表示助力装置不起作用，需要进一步检查。

2）真空助力器的工作过程

（1）当制动踏板处于松开位置时，空气阀_____（打开/关闭），真空阀_____（打开/关闭）。此时，真空腔与空气腔互通，两腔不存在压力差，助力器不起助力作用，如图4-7所示。

（2）踩下制动踏板时，空气阀_____（打开/关闭），真空阀_____（打开/关闭）。此时若发动机

处于工作状态,真空腔中的空气就会被抽出,而空气腔与大气连通,形成压力差,助力器助力增大,如图 4-8 所示。

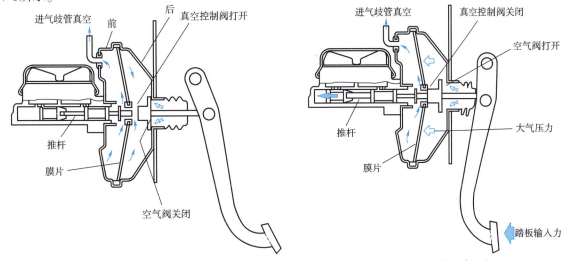

图 4-7 不踩制动踏板时　　　　　图 4-8 踩下制动踏板时

(3)踩下并保持制动踏板静止时,空气阀_____(打开/关闭),真空阀_____(打开/关闭)。此时,若发动机处于工作状态,真空腔中的空气就会被抽出,而空气腔不再进气,空气量保持不变,继续形成一定的压力差,助力器助力保持不变,如图 4-9 所示。

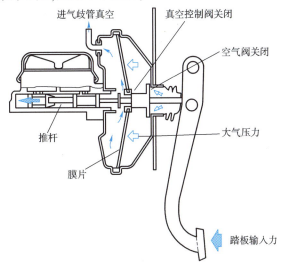

图 4-9 踩下并保持制动踏板静止时

在真空助力装置功能检查中,若检查结果是制动踏板不下沉,选出可能的原因,并在正确的选项前打"√"。
□助力器膜片破裂
□助力器的真空阀关闭不严
□助力器的空气阀关闭不严
□真空管破裂
3)真空助力器的气密性检查
(1)检查方法一。
①起动发动机运转 1～2min 后熄火。　　　　　　　　　　　　　　　　　　□任务完成

②如图4-10所示,慢慢踩下制动踏板数次,若第1次踩下的行程最大,第2次、第3次渐渐回抬,则表示其气密性良好。　　　　　　　　　　　　　　　　　　　　　　　　　　□任务完成

气密性检查结果：　　　　　　　　　　　　　　　　　　　　　　　　　　□好　　□不好

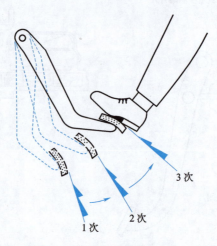

图4-10　助力器气密性检查方法一

 小提示

踩下制动踏板数次,每次之间要有数秒的时间间隔,不要快速连续踩下。

结合真空助力器的工作过程,请阐述此检查方法的原理。

(2)检查方法二。

如图4-11所示,在发动机运转时踩下制动踏板,然后使发动机熄火并保持制动踏板在踩下位置约30s后,若制动踏板高度无变化,则密封良好。

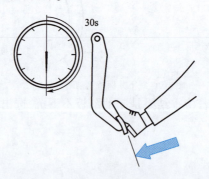

图4-11　助力器气密性检查方法二

气密性检查结果：　　　　　　　　　　　　　　　　　　　　　　　　　　□好　　□不好

若助力器气密性不好有哪些可能原因？在正确的选项前打"√"。

□助力器膜片破裂

□助力器的真空阀关闭不严

□助力器的空气阀关闭不严
□真空管破裂

 5. 在真空助力器气密性检查中,发现在发动机关闭之后真空助力器仍具有一定时间的助力功能,那是为什么?如何检查止回阀?

如图4-12所示,止回阀一般安装在真空助力器与真空软管连接处,它只允许空气从_____(助力器/发动机进气歧管)流向_____(助力器/发动机进气歧管),而不允许空气倒流,从而使助力器在发动机关闭之后还能保持真空。因此,即使在发动机关闭的情况下,助力器还能够提供1~2次的助力制动。

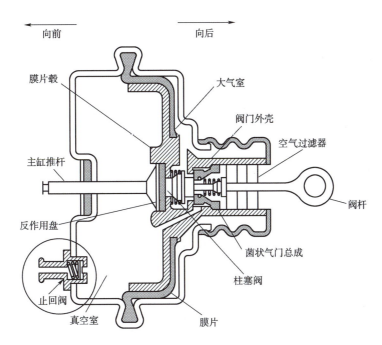

图4-12　止回阀的安装位置

(1)真空软管和止回阀就车检查。
①检查软管。目检软管是否连接正确,有无损坏,夹箍有无松动。
②检查止回阀。如图4-13所示,气流能从真空助力器一侧流向接软管一侧,而反方向不通。

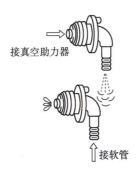

图4-13　止回阀检查

③检查结果记录。记录检查结果,并根据检查结果确定是否需要更换,将结果填入表4-3中。

真空软管和止回阀检查记录表　　　　　　　　　　　表4-3

检 查 部 件	检 查 记 录	是否需要更换
真空软管	□破损　□正常	□是　□否
止回阀	□失效　□正常	□是　□否

  小提示

若止回阀失效,应连同真空软管一起更换。

(2)在真空助力器功能检查、气密性检查中,若止回阀损坏,是否会影响检查结果?

 6. 一辆车(以丰田卡罗拉轿车为例)经检查发现真空助力器失效,则需要更换真空助力器。如何进行更换作业?

1)拆卸真空助力器

(1)拆卸制动主缸分总成。

参照图4-14,回忆制动主缸的拆卸,确定需要拆卸的部件及其拆卸顺序,并实施(见学习任务3)。

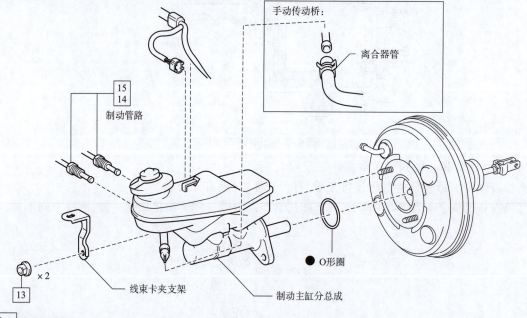

图4-14　拆卸制动主缸分总成

(2)拆卸仪表板1号底罩分总成。

①拆下2个螺钉,如图4-15所示。　　　　　　　　　　　　　　　　　□任务完成

②脱开卡爪。　　　　　　　　　　　　　　　　　　　　　　　　　　□任务完成

③脱开导销,如图4-16所示,并拆下仪表板1号底罩分总成。　　　　□任务完成

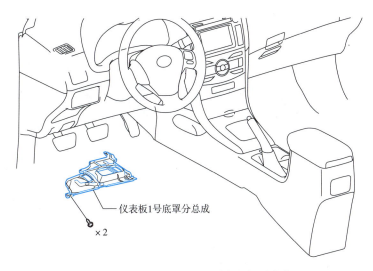

图 4-15 拆卸仪表板 1 号底罩分总成 2 个螺钉

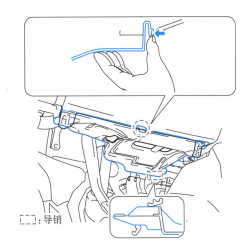

图 4-16 脱开 1 号底罩分总成导销

（3）拆卸制动踏板复位弹簧，如图 4-17 所示。　　　　　　　　　　　　□任务完成

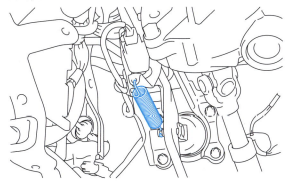

图 4-17 拆下制动踏板复位弹簧

（4）分离制动主缸推杆 U 形夹。

拆下开口销和 U 形夹销，从制动踏板分总成上分离制动主缸推杆 U 形夹，如图 4-18 所示。

□任务完成

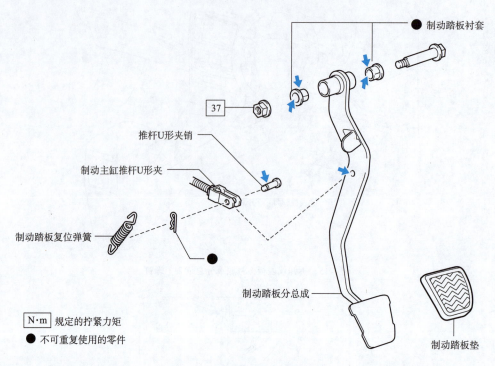

图4-18 分离制动主缸推杆U形夹

(5)拆卸制动主缸推杆U形夹。

如图4-19所示,松开锁紧螺母,从制动助力器总成上拆下制动主缸推杆U形夹和锁紧螺母。

□任务完成

(6)断开线束。

①抬起锁杆断开发动机控制模块(Engine Control Module,以下简称"ECM")连接器,如图4-20所示。

□任务完成

②断开卡夹。

□任务完成

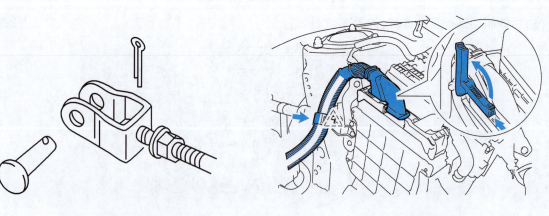

图4-19 拆卸制动主缸推杆U形夹　　　　图4-20 断开线束

(7)拆卸带支架的制动器执行器。

①松开锁杆并断开制动器执行器连接器,如图4-21所示。

□任务完成

学习任务4 真空助力装置的检查与修理

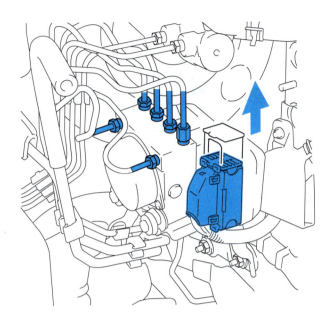

图 4-21 断开制动器执行器连接器

 小提示

小心不要使制动液进入已拆下的连接器。

②用连接螺母扳手(10mm)从带支架的制动器执行器上断开6个制动管路,如图4-22所示。

□任务完成

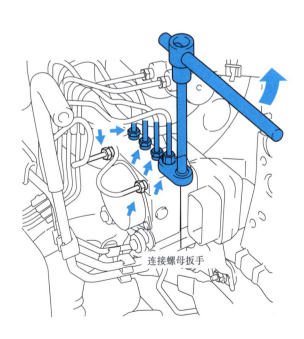

连接螺母扳手

图 4-22 从执行器上断开6个制动管路

③使用标签做好记录,以识别重新连接时的位置,如图4-23所示。　　□任务完成

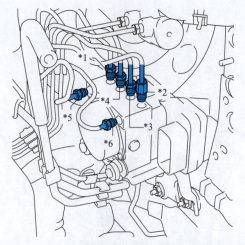

*1：至右前轮缸
*2：至左前轮缸
*3：至右后轮缸
*4：至左后轮缸
*5：从1号主缸
*6：从2号主缸

图4-23 做好6个制动管路连接标签

④分离带卡夹的制动管路和带3号燃油管路卡夹的燃油管。
⑤从车身上拆下3个螺母(图4-24)和带支架的制动器执行器。

□任务完成
□任务完成

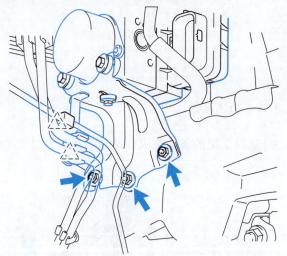

图4-24 拆下制动器执行器固定螺母

小提示

不要损坏制动管路和线束。

(8)滑动卡子并断开真空软管,如图4-25所示。

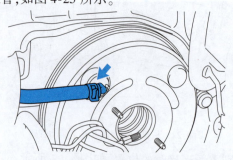

图4-25 断开真空软管

真空软管用管夹夹住,使其不会滑出。要使用合适的工具拆下管夹,以免损伤管夹,正确拆除软管的方法如下。

①如图4-26所示,使用手钳夹住管夹爪,使其变宽,从软管连接处滑动到软管的中间。

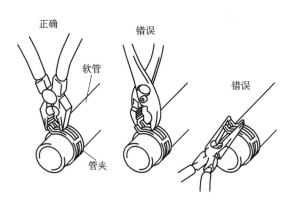

图4-26 管夹拆除

 小提示

应使用与管夹爪宽度相匹配的工具,拆装时不能过分扩张弹簧夹,且不能让管夹爪变形。

②在软管和连接端上做对应连接标记;为防止损伤软管,用抹布包住软管,然后用钳子夹住连接端的软管,一边转动一边将其拆下。

(9)拆卸制动真空止回阀总成。

(10)拆卸止回阀密封垫。

(11)分离制动管路。

①从制动管路上拆下螺栓,如图4-27所示。　　　　　　　　　　　　□任务完成

②用连接螺母扳手断开4个制动管路,如图4-28所示。　　　　　　　□任务完成

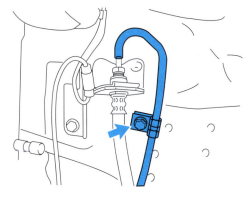

图4-27 拆下制动管路的螺栓　　　　图4-28 断开制动管路

③脱开5个卡夹并分离制动管路,如图4-29所示。　　　　　　　　　□任务完成

(12)拆卸制动助力器总成。

①从车身上拆下4个螺母和制动助力器总成,如图4-30所示。　　　　□任务完成

②从制动助力器总成上拆下制动助力器衬垫。　　　　　　　　　　　□任务完成

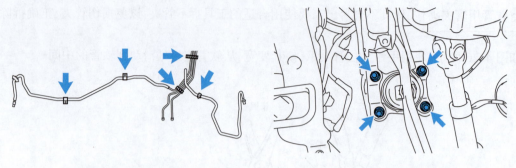

图 4-29　分离制动管路　　　　　图 4-30　拆下制动助力器螺母

> **小提示**
>
> 不要损坏制动管路。

2）安装真空助力器

参照制动助力器拆卸步骤，根据先拆后装的原则，确定作业步骤并实施。

（1）安装制动助力器总成。

如图 4-31 中的间隙 a 所示，调节助力器活塞杆和主缸活塞之间的间隙。

①回忆助力器活塞杆和主缸活塞间隙的调节作业，按已确定步骤实施。

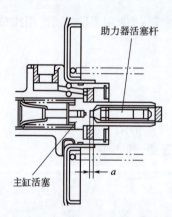

图 4-31　助力器与主缸装配

②为什么要调节助力器活塞杆和主缸活塞之间的间隙？如果间隙过大或过小会发生什么后果？

③将新的制动助力器衬垫安装至制动助力器总成。　　　　　　　　　　　　　□任务完成

④用 4 个螺母将制动助力器总成安装至车身，位置如图 4-30 箭头所示。

安装螺母规定力矩：_____ N·m。　　　　　　　　　　　　　　　　　　□任务完成

（2）安装制动管路。

①用 5 个新卡夹将制动管路接合至车身，位置如图 4-29 箭头所示。　　　　□任务完成

②用连接螺母扳手连接 4 个制动管路，位置如图 4-28 箭头所示。

安装螺母规定力矩：_____ N·m。　　　　　　　　　　　　　　　　　　□任务完成

③安装螺栓,如图4-27箭头所示,规定力矩:_____N·m。 □任务完成

(3)安装止回阀密封垫。

(4)安装制动真空止回阀总成。

(5)连接真空软管并移动卡子,位置如图4-25箭头所示。

(6)安装带支架的制动器执行器。

①用3个螺母将带支架的制动器执行器安装至车身,如图4-32所示。

安装螺母规定力矩:_____N·m。 □任务完成

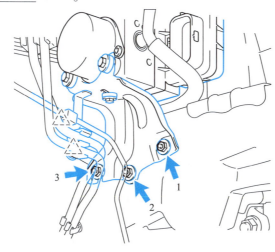

图4-32 制动器执行器螺母安装顺序

 小提示

不要损坏制动管路和线束。

按1—2—3的顺序拧紧3个螺母。

②用卡夹安装制动管路,用3号燃油管路卡夹安装燃油管路。 □任务完成

③将各制动管路暂时紧固到带支架的制动器执行器的正确位置上,如图4-23所示。 □任务完成

④根据图4-22所示断开制动管路,用连接螺母扳手完全紧固各制动管路。

安装螺母规定力矩:_____N·m。 □任务完成

⑤连接制动器执行器连接器,位置如图4-21箭头所示。 □任务完成

 小提示

确保连接器牢固锁紧。

(7)连接线束。 □任务完成

(8)暂时紧固制动主缸推杆U形夹。 □任务完成

 小提示

调整好制动踏板高度后再完全拧紧锁紧螺母。

(9)连接制动主缸推杆U形夹。 □任务完成

(10) 安装制动踏板复位弹簧。 □任务完成
(11) 安装制动主缸分总成(见学习任务3)。 □任务完成
(12) 安装仪表板1号底罩分总成。 □任务完成

 7. 在完成真空助力器更换以后,还需要做哪些工作?

(1) 加注符合规定的制动液。
(2) 进行制动系统排除空气作业(见学习任务1)。
(3) 检查和调整制动踏板(见学习任务1)。
(4) 检查制动管路是否有制动液渗漏现象(见学习任务1)。
(5) 通过路试或制动试验台架测试,确保制动性能达到使用要求标准(见学习任务7)。

三、评价反馈

1. 使用(维修)案例分析

林先生有一辆一汽丰田卡罗拉 GL1.6AT 轿车,已经行驶 100000km 左右。最近,林先生发现踩住制动踏板起动发动机,制动踏板只有微微下沉;踩制动踏板时觉得制动踏板比平时沉重得多。假如你是丰田4S店的维修技师,请你用专业知识分析故障原因及排除故障,并为林先生提供车辆使用、维护方面的建议。

(1) 请你根据所学的制动系统知识,分析出现以上现象的原因。

(2) 根据故障现象,需要检查制动助力器工作情况,请叙述其具体操作步骤。

(3) 根据故障现象,需要检查制动助力器气密性,请叙述其具体操作步骤。

(4) 请你制定修复该车真空助力装置的计划并列出大致实施步骤。

(5)案例思考:当助力器失效时,会出现什么现象?制动系统还能实现制动的功能吗?

2.学习自测题
(1)一辆装有真空助力器的汽车,制动时需要较大的踏板力,下列哪一项可能是故障原因。(　　)
　　A.制动主缸内泄漏　　　　　　　　　B.制动液液面太低
　　C.助力器真空管路破裂　　　　　　　D.助力器内的真空度过大
(2)在分析装有真空助力制动系统的汽车的制动故障原因时,甲技师说:制动踏板行程过大可能是由于真空助力器的推杆调节不正确造成的;乙技师说:制动踏板行程过大可能是由存在泄漏的止回阀造成的。谁的说法正确?(　　)
　　A.只有甲正确　　　B.只有乙正确　　　C.两人均正确　　　D.两人均不正确
(3)发动机处于停机状态,制动踏板处于松开位置时,真空助力器的真空阀处于_____的状态,空气阀处于_____的状态。
　　A.关、开　　　　　B.开、关　　　　　C.关、关　　　　　D.开、开
(4)制动助力装置的装配位置在_____与_____之间。
(5)造成制动助力失效的原因有哪些?

3.学习目标达成度的自我检查(表4-4)

自我检查表　　　　　　　　　　　　　　　　　　　　　　　　　　表4-4

序号	学习目标	达成情况(在相应的选项后打"√")		
		能	不能	如果不能,是什么原因
1	叙述真空助力装置的作用			
2	叙述真空助力装置的结构			
3	叙述真空助力装置的工作原理			
4	根据计划,对真空助力装置进行检测			
5	查阅维修手册,规范更换真空助力器			
6	分析制动助力失效的原因			

4. 日常表现性评价(由小组长或者组内成员评价)

(1)工作页填写情况。(　　)
    A. 填写完整　　　　B. 缺失 0~20%　　　C. 缺失 20%~40%　　　D. 缺失 40% 以上

(2)工作着装是否规范?(　　)
    A. 穿着校服(工作服),佩戴胸卡　　　　　B. 校服或胸卡缺失一项
    C. 偶尔会既不穿校服又不戴胸卡　　　　　D. 始终未穿校服、佩戴胸卡

(3)能否主动参与工作现场的清洁和整理工作?(　　)
    A. 积极主动参与"5S"工作
    B. 在组长的要求下能参与"5S"工作
    C. 在组长的要求下能参与"5S"工作,但效果差
    D. 不愿意参与"5S"工作

(4)升降汽车或起动发动机时,有无进行安全检查并警示其他同学?(　　)
    A. 有安全检查和警示　　　　　B. 无安全检查,有警示
    C. 有安全检查,无警示　　　　　D. 无安全检查,无警示

(5)是否达到全勤?(　　)
    A. 全勤　　　　　　　　　　　　B. 缺勤 0~20%(有请假)
    C. 缺勤 0~20%(旷课)　　　　　D. 缺勤 20% 以上

(6)总体印象评价。(　　)
    A. 非常优秀　　　　B. 比较优秀　　　　C. 有待改进　　　　D. 急需改进

(7)其他建议:

小组长签名:_____　　　　____年____月____日

5. 教师总体评价

(1)对该同学所在小组整体印象评价。(　　)
    A. 组长负责,组内学习气氛好
    B. 组长能组织组员按要求完成学习任务,个别组员不能达成学习目标
    C. 组内有 30% 以上的学员不能达成学习目标
    D. 组内大部分学员不能达成学习目标

(2)对该同学整体印象评价:

_____

_____

_____。

教师签名:_____　　　　____年____月____日

学习拓展

柴油发动机没有节气门，在运行过程中，发动机进气歧管内不能产生真空。装有涡轮增压器的汽油发动机在加速过程中也不能产生真空。在这些汽车上，往往装备真空泵为真空助力系统提供真空源；或者需要装备液压制动助力系统，如图4-33所示，液压制动助力系统利用汽车助力转向泵所产生的高压液体作为动力源。

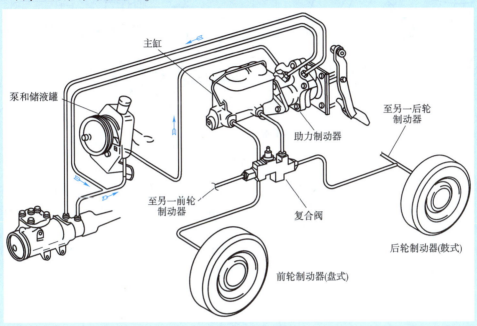

图4-33 液压助力装置

当踩下制动踏板时，助力转向泵输出的高压油在助力器增压室内产生高压，液压推动助力活塞，助力活塞又将力作用于连接主缸活塞的输出杆，从而产生制动助力。

学习拓展

紧急制动系统是在真空助力制动系统的基础上增加了紧急控制单元，可实现紧急制动助力，它由哪些部件组成？是如何工作的？

1．电控制动助力系统（Braking Assistant System，以下简称"BAS"）

BAS是奔驰公司开发的一种电控紧急制动增力系统，广泛用于奔驰汽车上。

（1）BAS的功能：当驾驶员在紧急制动的情况下，BAS控制模块根据传感器的信号控制制动系统作用，增加制动助力，使之在紧急制动时更加安全。

（2）BAS的组成如图4-34所示。

（3）BAS的作用模式。

①一般模式（即原真空制动助力控制模式）：在正常时，即未发生紧急的情况下，驾驶员按常规操作踩制动踏板，BAS电磁阀不起作用，BAS处于待命状态，且行车稳定，系统照常运转。

②BAS增压模式：一旦发生紧急情况，BAS控制模块便会根据制动踏板被踩的速率和车速，确认需要进行BAS控制，于是BAS控制模块就立即作用于电磁阀，以使真空制动助力器产生最快、最有效的制动力。

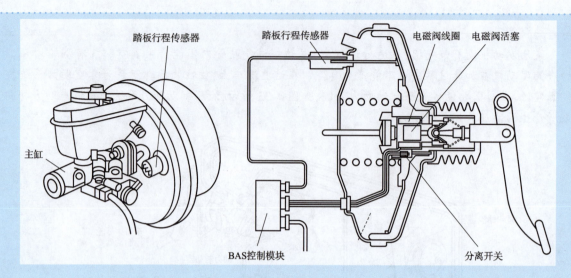

图 4-34　BAS 的组成

③BAS 减压模式:若 BAS 控制模块接收到 BAS 释放开关的信号,则确认此时紧急制动状态已结束,那么 BAS 电磁阀不再起作用,BAS 制动助力就此结束,一般模式的制动助力恢复其作用。

2. 机械式紧急制动系统(如博世 EVA)

与 BAS 功能相同,博世 EVA 也具备紧急制动增力功能。不同的是,BAS 是电控的而博世 EVA 是机械式的。请同学们通过查阅资料对两者做进一步比较。

学习任务5　驻车制动系统的检查与调整

学习目标

完成本学习任务后,你应当能:
1. 叙述驻车制动系统的作用、类型及工作原理;
2. 查阅维修手册,根据工作计划,独立完成对驻车制动系统的检查和调整;
3. 运用专业知识,向顾客解释驻车制动警报灯亮时必须停车检查的原因。

建议完成本学习任务为 8 学时

内容结构

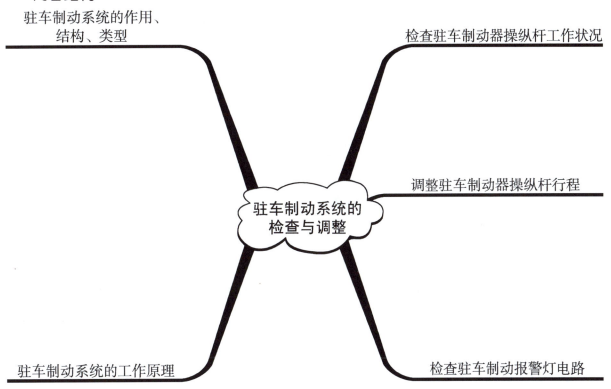

 学习任务描述

驻车制动系统的维护是制动系统维护的一项内容。按照定期维护的要求,需要对驻车制动系统进行检查,必要时进行调整和修理。

驻车制动系统是除汽车行车制动系统之外的第二套制动系统,若驻车制动系统工作性能下降,会影响驻车的可靠性。驻车制动系统的检查和调整是制动系统维护的重要项目之一,对其进行规范作业是汽车维修技术人员必须具备的基本能力。

一、学习准备

1. 驻车制动系统起什么作用?

查阅资料,阐述驻车制动的作用。

回忆自动变速器中"P"位的作用,在下列有关驻车制动和"P"位的正确叙述前打"√"。
□"P"位是用机械部件锁止变速器输出轴
□驻车制动系统的驻车效能比"P"位小
□"P"位完全可以代替驻车制动系统
□与驻车制动系统一样,"P"位也可以用作紧急制动

2. 驻车制动系统有哪些类型?有哪些操纵方式?

1)驻车制动系统的类型

目前市面上的家用轿车,驻车制动都作用在后轮上。从工作形式上来划分,分为鼓式制动和盘式制动,而从结构设计上又可分为四种。

图 5-1 基于鼓式制动的驻车制动

(1)基于鼓式制动的驻车制动。

驻车制动是基于后桥的鼓式制动器实现的,如图 5-1 所示。拉动驻车制动器操纵杆时,通过拉索控制后轮制动蹄实现制动。

(2)基于盘式制动的驻车制动。

对于后轮是盘式制动器的车型来说,驻车制动拉索直接控制制动钳活塞来实现驻车制动,如图 5-2 所示。

(3)基于盘式制动的鼓式驻车制动。

盘式制动器由制动油管控制进行行车制动。驻车制动装在后制动盘中心位置的制动鼓中,拉索控制制动蹄进行驻车制动,如图 5-3 所示。

(4)独立驻车制动钳。

专门配置一个独立的小驻车制动钳,如图 5-4 所示。

图 5-2　基于盘式制动的驻车制动

图 5-3　基于盘式制动的鼓式驻车制动

图 5-4　独立驻车制动钳

2）驻车制动系统的操纵方式
(1) 手操纵，如图 5-5 所示。
(2) 脚操纵，如图 5-6 所示。

图 5-5　手操纵的驻车制动

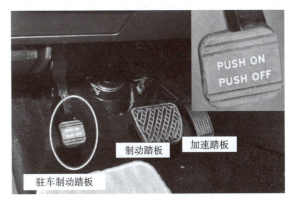

图 5-6　脚操纵驻车制动

(3) 开关式（电子驻车系统），如图 5-7 所示。

图 5-7 电子式驻车制动

学习拓展

电子驻车制动系统(Electrical Park Brake,以下简称"EPB")如图 5-8 所示。最早于 2001 年在菲亚特高档轿车上使用,现已配备到许多高档车上。

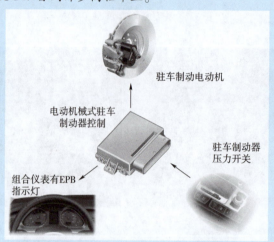

图 5-8 电子驻车制动系统

电子驻车制动系统的工作原理:当需要实施驻车制动时,EPB 按钮被按下,按钮操作信号反馈给电控单元,由电控单元控制电动机和行星减速齿轮机构工作,对左右后制动钳实施制动。

常用的自动控制功能有两种。一种是系统在发动机熄火后,通过整车 CAN(控制器局域网络)与该系统电控单元联合控制电动机,对左右后制动钳实施制动;另一种是坡度驶离,车辆在坡上起步时,EPB 电控单元控制左右后轮制动钳,使其自动松开,车辆自动驶离。

EPB 技术的优点归纳如下。

1. 舒适与方便

(1)提高了驾驶与操纵的舒适性与方便性。由于车厢内取消了驻车制动器操纵杆,停车制动由一个触手可及的电子按钮进行,驾驶员不必费力拉驻车制动器操纵杆,简单省力。

(2)为车厢内留出更多的空间。

(3)坡上自由起步:由于驻车制动由电子控制,起步时可按下 EPB 按钮,系统直接指示 EPB 松开驻车制动,帮助驶离。

(4)EPB 系统可以在发动机熄火后自动施加驻车制动。

2. 安全性高

(1) 车辆不会发生溜滑现象,可以持续施加最大驻车夹紧力。
(2) 电子模块具有自我诊断功能(EPB 可以自我诊断)。
(3) 后轮动态模式时具有防抱死制动功能(即在汽车行驶状态时,后轮具有防抱死制动功能)。

 3. 驻车制动系统是如何工作的?

请写出图 5-9 所示驻车制动器的操纵力传递的路线。

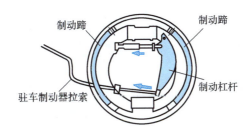

图 5-9　驻车制动器

二、计划与实施

 4. 准备对一辆丰田卡罗拉轿车(或学校的其他教学用车)的驻车制动系统进行检查与调整。记录车辆的基本信息,查询维修手册,准备驻车制动系统检查与调整所需要的设备、工具与耗材等。

1) 车辆基本信息记录

将车辆的基本信息记录在表 5-1 中。

车辆基本信息表　　　　　　　　　　　　　　　表 5-1

车辆型号(VIN 码)			
车牌号码		车型及行驶里程	
维修接待的维修意见			

2) 工作准备

准备驻车制动系统检查与调整所需要的设备、工具与耗材等,将准备情况记录在表 5-2 中。

设备、工具与耗材准备记录表　　　　　　　　　　表 5-2

名　称	型　号	数量	是否会使用	是否准备好
举升设备			□是　□否	□是　□否
万用表			□是　□否	□是　□否
维修手册	—		□是　□否	□是　□否
常用工具			□是　□否	□是　□否
干净抹布	—		□是　□否	□是　□否

5. 为了使驻车制动系统保持良好的工作性能，需要对其进行定期的检查维护，该如何对其进行检查？

1）驻车制动器操纵杆工作状况检查

（1）驻车制动器操纵杆行程检查，如图5-10所示。

①将驻车制动器操纵杆完全放下。

②以大约200 N的力，缓慢将驻车制动器操纵杆拉起，并默数听到的"咔嗒"声响。

驻车制动器操纵杆行程标准为：＿＿＿＿＿＿个槽口，实测＿＿＿＿＿＿个槽口。

图5-10 驻车制动器操纵杆行程检查

小提示

国家标准《机动车运行安全技术条件》（GB 7258—2017）规定，操纵装置应有足够的储备行程（开关类操作装置除外），一般应在操纵装置全行程的三分之二以内产生规定的制动效能；驻车制动机构装有自动调节装置时，允许在全行程的四分之三以内达到规定的制动效能。

如果驻车制动器操纵杆行程过长，可能是哪些原因导致的？在下面正确的选项前打"√"。

□拉索松弛

□制动蹄摩擦片磨损

□新更换了制动蹄

（2）驻车制动器操纵杆工作状况检查。

拉起和放下驻车制动器操纵杆数次，正常情况下拉起时无卡滞，放下时回位畅顺及时。

驻车制动器操纵杆拉起是否正常： □是　□否

驻车制动器操纵杆回位是否正常： □是　□否

如果驻车制动器操纵杆工作状况不正常，则需要对驻车制动拉索及相关部件做进一步检查。

2）驻车制动效能检查

（1）如图5-11所示，拉起驻车制动器操纵杆，使车辆处于驻车制动状态，举升车辆并用支架支撑稳妥，用两手尽力转动后轮，正常情况下车轮转不动。

检查结果是否正常： □是　□否

（2）如图5-12所示，解除驻车制动，用手转动后轮，正常情况下车轮自由转动，如听到轻微的制动蹄与制动鼓接触声，则视为正常。

图 5-11 制动效能的检查一

图 5-12 制动效能的检查二

检查结果是否正常： □是 □否
如果检查发现有不正常的情况,需要对哪些部件做进一步检查？在正确的选项前打"√"。
□后轮制动器
□制动拉索及相连部件
□后轮轮毂轴承

6. 若驻车制动器操纵杆行程与标准不相符,或刚更换过驻车制动拉索,则需要对其调整,该如何进行调整？

（1）拆下后地板控制台总成,如图 5-13 所示。

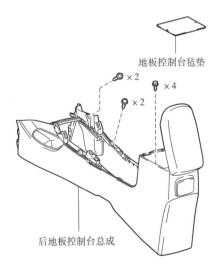

图 5-13 后地板控制台总成

（2）完全放下驻车制动器操纵杆。

(3)松开锁紧螺母和调整螺母,以完全松开驻车制动器拉索,如图 5-14 所示。

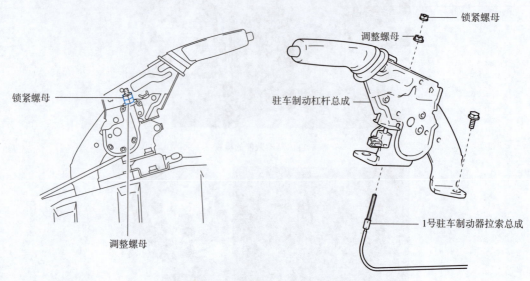

图 5-14　锁紧螺母和调整螺母

(4)发动机停机时,完全踩下制动踏板 3～5 次。

(5)转动调整螺母,直到驻车制动器操纵杆行程调整至规定范围内。

驻车制动器操纵杆行程:200N 时为_____个槽口。

(6)紧固锁紧螺母。

紧固力矩:_____N·m。

(7)操作驻车制动器操纵杆 3～4 次,再次检查驻车制动器操纵杆行程。

(8)检查驻车制动器是否卡滞。

(9)确认后盘式制动器制动轮缸操作杆和止动器的间隙,如图 5-15 所示。

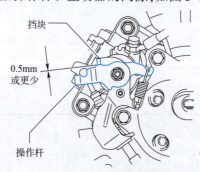

图 5-15　操作杆和止动器的间隙

松开驻车制动器操纵杆,检查该间隙是否为 0.5mm 或更少。如果间隙不在规定范围内,更换后盘式制动器制动钳总成。

(10)安装后地板控制台总成。

7. 根据顾客陈述,在松开驻车制动器操纵杆后,驻车制动警报灯不熄灭,此时,需要对驻车制动警报灯电路进行检查和修理。

1)元件位置

如图 5-16 所示为驻车制动灯开关位置。

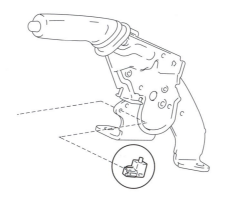

图5-16 驻车制动灯开关位置

如图5-17所示为驻车制动警报灯在组合仪表上的位置。

图5-17 驻车制动警报灯位置

2）驻车制动警报灯电路图

如图5-18所示，点火开关处于ON的位置，当拉起驻车制动器操纵杆或制动液液位过低时，驻车制动开关或制动液液位开关处于闭合状态，驻车制动警报灯点亮；在放下驻车制动器操纵杆且制动液液位正常时，驻车制动开关和制动液液位开关都处于断开状态，驻车制动警报灯熄灭。

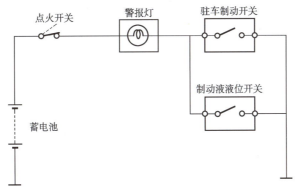

图5-18 驻车制动警报灯电路图

小提示

当配有电子制动力分配（Electronic Brakeforce Distribution，以下简称"EBD"）系统出现故障时，也会导致驻车制动警报灯亮。

在驻车制动警报灯点亮时将汽车开走是否非常危险,为什么?

3)故障诊断与排除

(1)故障的验证。

将点火钥匙转到 ON 的位置,拉起和放下驻车制动器操纵杆,观察驻车制动警报灯的状态,将检查结果记录于表 5-3 中。

驻车制动警报灯电路故障验证记录表　　　　　　　　　　　　　　　　　　表 5-3

操纵杆状态	警报灯的状态(亮或灭)	结果判断(是否正常)
拉起操纵杆		
放下操纵杆		

小提示

正常情况下,驻车制动警报灯应始终在拉起驻车制动器操纵杆时响第一声"咔嗒"声之前亮起。

(2)警报灯常亮故障的诊断。

①参照驻车制动警报灯电路图(图 5-18),可能是哪些原因导致故障? 在正确的选项前打"√"。

□制动液液位过低

□制动液液位开关有故障

□电路故障

②制动液液位高度的检查。如果液位过低,液位开关处于导通状态,此时电路接通,驻车制动警报灯点亮;补充制动液之后,液位开关恢复断开状态,警报灯熄灭。

制动液位的检查结果:　　　　　　　　　　　　　　　　　　　□正常　　□过低

如液位正常,则需要做进一步检查。

③制动液位开关的检查。如图 5-19 所示,放下驻车制动器操纵杆,脱开制动液液位开关连接器,将点火开关置于 ON 的位置,检查警报灯是否熄灭。

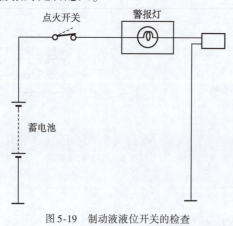

图 5-19　制动液液位开关的检查

检查结果:　　　　　　　　　　　　　　　　　　　　　　　　□不熄灭　　□熄灭

若检查结果为警报灯熄灭,则表明制动液位开关有故障;若警报灯依然不熄灭,则需要做进一步检查。

制动液液位开关和驻车制动开关属于并联关系,为什么是先检查制动液位开关而不是先检查驻车制动开关?比较两个开关的安装位置,哪一个开关更便于检查?

④驻车制动开关的检查。脱开驻车制动开关的连接器,将点火开关置于 ON 的位置,检查警报灯是否熄灭。

检查结果: □不熄灭　□熄灭

若警报灯不熄灭,则说明从警报灯到连接器之间的线束存在与搭铁短接的故障。若警报灯熄灭,则可确定是驻车制动开关存在故障,需要进一步测试驻车制动开关。

如图 5-20 所示,利用万用表测试驻车制动开关。当拉起和放下驻车制动器操纵杆时,用万用表分别检查端子和开关固定螺母之间是否导通。正常的情况是,拉起操纵杆时,开关导通;放下操纵杆时,开关断开。将检查结果记录到表 5-4 中。

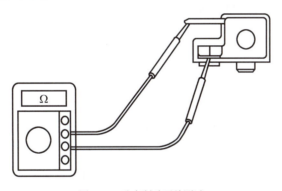

图 5-20　驻车制动开关测试

驻车制动开关测试记录表　　表 5-4

操纵杆状态	开关状态(是否导通)	结果判断(是否正常)
拉起操纵杆		
放下操纵杆		

(3)针对诊断结果,确定修理方法并实施。

8. 针对拉起驻车制动器操纵杆后,驻车制动警报灯不亮的故障现象,请分析故障可能原因,确定故障诊断与排除的工作计划并实施。

(1)运用前面所学知识,阐述导致驻车制动警报灯不亮的可能故障原因。

(2)进行故障检查时,从哪一个部件开始检查更为方便与有效?

(3)制订故障诊断与排除的计划并实施。

9. 在检查和调整驻车制动系统后,根据实际条件选择坡道测试或使用制动测试台测试,检测驻车制动性能,并分析测试的结果是否符合维护竣工标准。

驻车制动系统运行性能必须符合安全运行标准。查阅国家标准《机动车运行安全技术条件》(GB 7258—2017),分别写出坡道测试和制动测试台测试时驻车制动性能的检验标准。

坡道测试的驻车制动性能检测标准:

制动测试台测试的驻车制动性能检测标准:

三、评价反馈

1. 学习自测题

(1) 在典型的鼓式驻车制动器上_____推动制动蹄向外顶住制动鼓。（　　）
　　A. 制动主缸活塞　　　　　　　　B. 制动轮缸活塞
　　C. 驻车制动器操纵杆　　　　　　D. 自动调整杆

(2) 现在轿车上驻车制动的操作方式可分为哪些？（　　）
　　A. 手操纵　　　　B. 脚操纵　　　　C. 电子驻车　　　　D. 以上三种都是

(3) 大多数车辆驻车制动都是作用在后轮上。（　　）
　　A. 正确　　　　　　　　　　　　B. 错误

(4) 驻车制动机构的内部装有棘轮和棘爪，将驻车制动器操纵杆拉紧后，棘爪就会卡在棘轮上，自动锁紧，如要松开就必须按下释放按钮。（　　）
　　A. 正确　　　　　　　　　　　　B. 错误

(5) 驻车制动比行车制动的制动力小得多，只需要能保持汽车在坡路上稳定驻车。（　　）
　　A. 正确　　　　　　　　　　　　B. 错误

2. 维修信息获取练习

从网络上搜索电子驻车系统的视频或文字材料，回答它有哪些功能。会不会因蓄电池没电而失去驻车？会不会在汽车行驶中因误按驻车按钮而发生危险？

3. 学习目标达成度的自我检查（表5-5）

自 我 检 查 表　　　　表5-5

序号	学习目标	达成情况（在相应的选项后打"√"）		
		能	不能	如果不能，是什么原因
1	叙述驻车制动系统的作用、类型及工作原理			
2	查阅维修手册，根据工作计划，独立完成对驻车制动系统进行检查和调整			
3	运用专业知识，向顾客解释驻车制动警报灯亮时必须停车检查的原因			

4. 日常表现性评价（由小组长或者组内成员评价）

(1) 工作页填写情况。（　　）
　　A. 填写完整　　　B. 缺失0～20%　　　C. 缺失20%～40%　　　D. 缺失40%以上

(2) 工作着装是否规范？（　　）
　　A. 穿着校服（工作服），佩戴胸卡　　　B. 校服或胸卡缺失一项
　　C. 偶尔会既不穿校服又不戴胸卡　　　　D. 始终未穿校服、佩戴胸卡

(3)能否主动参与工作现场的清洁和整理工作?（　　）
　　A. 积极主动参与"5S"工作
　　B. 在组长的要求下能参与"5S"工作
　　C. 在组长的要求下能参与"5S"工作,但效果差
　　D. 不愿意参与"5S"工作
(4)升降汽车或起动发动机时,有无进行安全检查并警示其他同学?（　　）
　　A. 有安全检查和警示　　　　　　　　B. 无安全检查,有警示
　　C. 有安全检查,无警示　　　　　　　　D. 无安全检查,无警示
(5)是否达到全勤?（　　）
　　A. 全勤　　　　　　　　　　　　　　B. 缺勤 0～20%（有请假）
　　C. 缺勤 0～20%（旷课）　　　　　　　D. 缺勤 20% 以上
(6)总体印象评价。（　　）
　　A. 非常优秀　　　B. 比较优秀　　　C. 有待改进　　　D. 急需改进
(7)其他建议：

小组长签名：_____　　　　　_____年_____月_____日

5. 教师总体评价

(1)对该同学所在小组整体印象评价。（　　）
　　A. 组长负责,组内学习气氛好
　　B. 组长能组织组员按要求完成学习任务,个别组员不能达成学习目标
　　C. 组内有 30% 以上的学员不能达成学习目标
　　D. 组内大部分学员不能达成学习目标
(2)对该同学整体印象评价：
_____
_____
_____。

教师签名：_____　　　　　_____年_____月_____日

学习任务6　防抱死制动系统的检测与维修

学习目标

完成本学习任务后,你应当能:
1. 叙述 ABS 的功用、组成部分及各部分的作用;
2. 使用手持式汽车诊断电脑读取和清除 ABS 故障码;
3. 识读制动防抱死系统电路图;
4. 检查 ABS 的电子控制单元电源电路;
5. 使用检查轮速传感器,必要时进行更换;
6. 使用手持式汽车诊断电脑检查制动压力调节器。

建议完成本学习任务为 16 学时

内容结构

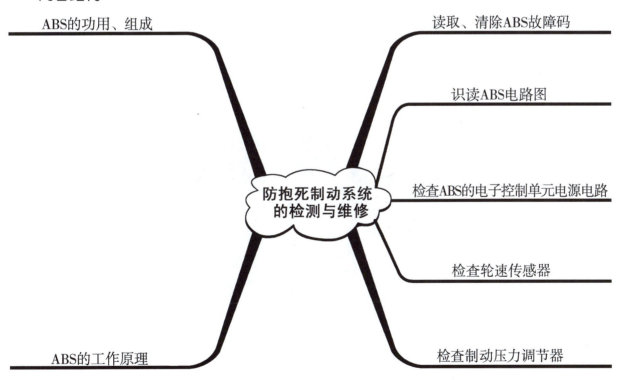

 学习任务描述

一辆车的 ABS 警告灯一直点亮,需要对 ABS 进行检查,排除系统中存在的故障。

汽车制动系统维修工作页（第3版）

ABS是在传统制动系统的基础上，增加的一套防止车轮制动时抱死的控制系统。当ABS出现故障时，尽管汽车的常规制动系统仍然起作用，但汽车制动时的制动效果、方向稳定性以及转向能力都会变差，导致整车的安全性下降。汽车维修技术人员应能够根据ABS的故障现象，通过检查（包括利用专用仪器检查），正确而有效地排除故障。

一、学习准备

 1. 汽车制动时车轮一旦抱死，将会发生怎样的现象？

ABS是一个制动控制装置，在驾驶员实施制动时，采用电脑自动控制制动力的大小，防止车轮抱死而出现汽车失控现象。

在教师指导下，观看有关车轮抱死现象的视频，回答车轮抱死将会发生怎样的现象？前轮抱死和后轮抱死的表现是否是一样的？

2. 什么因素会影响到车轮抱死？

汽车行驶或制动时，是附着在地面上的，如图6-1所示。紧急制动时，如果车轮制动器产生的制动力过大，超过地面的附着力，则车轮将出现抱死现象。此时，车轮不能良好地附着在地面，车轮与地面之间趋向打滑。

图6-1　车轮附着在地面

附着系数是反映轮胎与地面之间附着能力的参数。附着系数越大，轮胎与地面之间的附着力就越大。紧急制动或是在冰雪路面等_____（高/低）附着系数路面上制动时，车轮制动器制动力_____（容易/不容易）超过地面的附着力，车轮_____（会/不会）趋向抱死。

影响路面附着系数的因素除了路面类型（如干燥路面、湿滑路面、雪地、冰地等）车轮的滑移率也会影响附着系数。滑移率λ的定义如下：

$$\lambda = \frac{v_F - v_U}{v_F} \times 100\%$$

式中：v_F——车速；

v_U——轮速。

在图 6-2a) 和图 6-2b) 中，无滑移的是图_____，有滑移的是图_____。

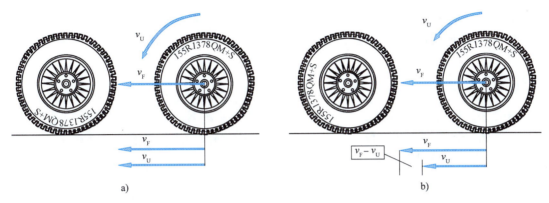

图 6-2　车速与轮速的示意

对于能够自由运转，没有被驱动和制动的车轮来说，轮速与车速相等，车轮的滑移率为_____%。对于车轮抱死，轮速为 0 时，车轮的滑移率为_____%。

下面是一张通过实验测得的曲线图（图 6-3），其反映的是不同滑移率时，车轮在地面上的附着的变化。

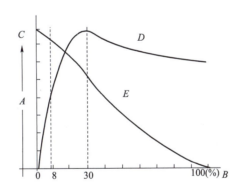

图 6-3　纵向附着系数、横向附着系数与滑移率的关系图（干燥路面）
A-附着系数；B-滑移率；C-附着系数最大值；D-纵向附着系数；E-横向附着系数

从图 6-3 中可以发现，在滑移率为_____%时，既有最大的纵向附着系数又有一定的横向附着系数。当车轮抱死时，横向附着系数为_____。

小提示

横向附着系数越大，汽车转向时受到的横向附着力越大，转向能力越强。横向附着系数为 0 时，汽车失去转向能力，并且汽车只要受到一点横向的外力（如路面轻微的倾斜）就会发生侧滑（横向滑移）现象。

3. 装备了 ABS 的制动系统,相对于传统制动系统,有哪些优点?

装备了 ABS 的车辆在制动时,ABS 能将车轮的滑移率控制在 10%～30%,这样:

(1) 纵向附着系数接近_____(最大/最小)值,制动距离比车轮抱死时_____(更短/更长);

(2) 横向附着系数比较大,车辆轮胎受到较大的横向附着力的作用,因此,在汽车受到横向的外力时,车辆能够保持制动时方向的稳定性,车辆仍然具有_____,不会发生_____。

学习拓展

1908 年,第一套 ABS 被设计出来,并被成功的安装在火车上。

1936 年,德国的博世(BOSCH)公司获得了第一个使用电磁式轮速传感器的专利权。

1948 年,ABS 被运用到飞机上。

1954 年,美国福特公司首次在林肯牌轿车上使用 ABS。

1958 年,ABS 开始用于货车。

20 世纪 60 年代到 70 年代初期,各种模拟电子控制式 ABS 被运用到汽车上。

1978 年德国博世公司率先推出了数字电子控制式 ABS——ABS 2,拉开了现代 ABS 发展的序幕。

1983 年德国博世公司在原来的基础上推出了性能更高的 ABS 2S。

1984 年德国坦孚(TEVES)公司首次推出了整体式 ABS——MK-Ⅱ,以及 1985 年德国博世公司推出了经济型 ABS——ABS 2E,使 ABS 开始广泛应用于汽车上。

ABS 现朝着两个方向发展,一个是向小型化、低成本、结构简单化的方向发展;另一个是向功能综合化方向发展,往往将 ABS 与其他若干系统综合在一起,构成车辆稳定性控制系统。

EBD 系统利用了 ABS 的液压控制装置。当紧急刹车时,EBD 系统会自动侦测各个车轮与地面的附着力状况,将制动系统所产生的力量,适当地分配至四个车轮。在 ABS 动作之前就已经平衡了每一个车轮的有效地面附着力,可以防止出现甩尾和侧移,并缩短汽车制动距离。

ASR(驱动防滑系统),又称 TRC 或 TCS(牵引力控制系统)。该系统利用 ABS 的液压控制装置,控制车辆在起步、加速以及在湿滑路面行驶时驱动轮的滑转情况。当驱动轮出现打滑时,该系统自动对打滑的车轮实施制动,抑制车轮的打滑。它还能与发动机的动力输出联合起来,防止驱动轮打滑。

车辆稳定性控制系统,不同公司根据专利等情况不同,叫法不一。零部件供应商中,博世公司称之为 ESP(电子稳定程序),天合公司、大陆特维斯公司称 ESC(电子稳定性控制系统);汽车制造厂商中,丰田称 VSC(车辆稳定控制系统)、本田称 VSA(车辆稳定辅助系统)、日产称 VDC(车辆行驶动态控制系统)、宝马称 DSC(动态稳定控制系统)、保时捷称 PSM(保时捷稳定管理系统)。它包括了 ABS、EBD、ASR 的全部功能,能根据车辆上装有的各种传感器(方向盘转角传感器、轮速传感器、横摆角速度传感器、横向加速度传感器等)获取汽车行驶的状况,如图 6-4 所示。当出现紧急转弯、紧急加速和紧急制动等突发情况时,车辆可以迅速感知并采取相应的制动措施,如对某个轮胎进行单独制动,如图 6-5 所示。必要时降低发动机动力输出,维持车身的稳定。

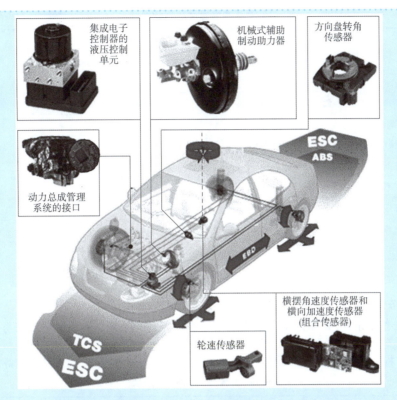

图 6-4　车辆稳定性控制系统的组成

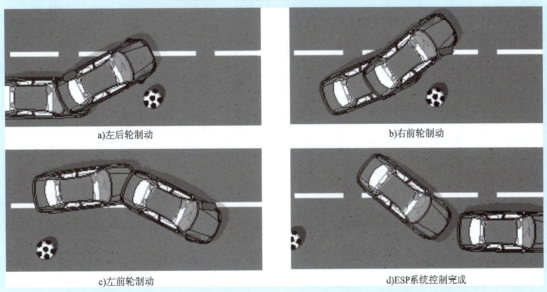

图 6-5　车辆紧急转向时 ESP 系统的控制过程

二、计划与实施

4. 一辆车的 ABS 警告灯一直亮起,准备对其 ABS 进行检查。ABS 由哪些部件组成?分别安装在车辆的什么位置?

(1) 将车辆的基本信息及故障症状记录在表 6-1 中。

车辆基本信息及故障记录表　　　　　　　表 6-1

客户姓名				车型与车型年份	
驾驶员姓名				VIN 码	
车辆进厂日期				发动机型号	
车牌号码				里程表读数	km
首次发生故障日期					
产生故障频率		□ 经常发生	□ 有时发生(　　次/天　　次/月)	□ 仅有一次	
故障症状	□ ABS 不工作				
	□ ABS 不能有效工作				
	ABS 警告灯异常	□ 持续亮起	□ 不亮		
	驻车制动警告灯异常	□ 持续亮起	□ 不亮		

 小提示

紧急制动时,若制动踏板会发生上下的振动,可判定 ABS 工作正常。

若驻车制动警告灯异常,必须先排除驻车制动警告灯故障(检查方法参看学习任务五)。

(2)准备 ABS 检查维修所需要的设备、仪表、工具、耗材等,并在表 6-2 中记录准备情况。

设备、工具、耗材准备记录表　　　　　　　表 6-2

名　　称	型　号	数量	是否会使用	是否准备好
数字万用表			□是　□否	□是　□否
手持式诊断电脑			□是　□否	□是　□否
专用示波器			□是　□否	□是　□否
维修手册			□是　□否	□是　□否
常用工具			□是　□否	□是　□否
专用工具			□是　□否	□是　□否
耗材			□是　□否	□是　□否

(3)查找 ABS 部件的安装位置。

参照图 6-6(或老师提供的 ABS 元件布置图),在汽车上找到 ABS 的 ECU、制动压力调节器、轮速传感器、ABS 警告灯、制动灯开关、诊断接口等组成部件,并完成表 6-3。

ABS 主要部件安装位置表　　　　　　　表 6-3

元 件 名 称	安 装 位 置
ABS 的 ECU	
制动压力调节器	
轮速传感器	
ABS 警告灯	
制动灯开关	
诊断接口	

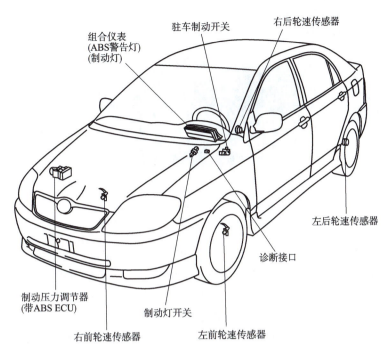

图6-6 ABS部件位置

5. ABS 各部件的作用是什么?

(1)在教师指导下,利用网络查找并观看关于 ABS 的相关视频,完成以下填空。

如图6-7所示,当驾驶员踩下制动踏板,1_____产生制动压力,制动压力经过 2_____去到 3_____,轮缸对车轮实施制动。5_____通过车轮的 4_____获得车轮的运转情况,然后通过 2_____调节制动压力的大小,从而实现车轮处于边滚边滑的状态。

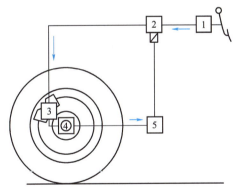

图6-7 ABS 自动控制制动力示意
1-制动主缸;2-制动压力调节器;3-轮缸;4-轮速传感器;5-ABS 的 ECU

(2)ABS 的 ECU 在 ABS 内起什么作用?

ABS 的 ECU(图6-8)根据来自轮速传感器的信号,确定车轮与路面之间的滑移率并控制_____。此外,它还监控整个 ABS 工作情况,如果有故障,将 ABS _____(关闭/重新启动),并存储相应的故障码。

图 6-8　ABS 的 ECU 和制动压力调节器组装在一起

小提示

在现代汽车用到的各种电子控制系统(如发动机控制系统、电控自动变速器系统、防盗系统、防抱死制动系统等)都配备有自诊断系统。所谓自诊断系统,就是 ECU 不断地检测各个传感器的信号,一旦发现有任何不正常的信号(传感器信号中断、信号值超出正常范围等),系统都将设置故障码(DTC),并可能点亮仪表板上的故障指示灯(或警告灯)以提示驾驶人车辆需要进行维修。维修人员可以通过读取自诊断系统存储的故障码以及利用自诊断系统的其他功能对各电控系统进行高效的故障检查。

(3)ABS 警告灯、制动警告灯在 ABS 中起什么作用？

①请用笔将图 6-9 中的 ABS 警告灯圈起来。

图 6-9　ABS 警告灯和制动警告灯

②ABS 警告灯的作用：当 ABS 的 ECU 检测到 ABS 中有故障时,该灯就处于_____(长亮/熄灭/闪烁)的状态,提醒驾驶员。

③制动警告灯的作用：该灯除了显示驻车制动、制动液液面过低等常规制动系统提示之外,在某些车型或带有 EBD 系统的车辆上,该灯也用作 ABS(或 EBD 系统)警告灯,用于提醒驾驶员 ABS 和 EBD 系统中有故障。

④请观察汽车仪表板上 ABS 警告灯和制动警告灯的颜色,说出哪一个是橙色？哪一个是红色？为什么会有颜色上的区别？

小提示

当 ABS 警告灯常亮时,说明 ABS 有故障,且 ABS 被自动关闭,但普通制动系统将继续工作,汽车不会失去制动能力。

(4)诊断接口在 ABS 中起什么作用?

如图 6-10 所示,诊断接口用于连接手提式汽车诊断电脑,使诊断电脑可以与 ABS 的 ECU 沟通,或者使维修人员通过短接诊断接口的某些端子,将 ABS 警告灯激活至闪烁模式,进行人工读取 ABS 故障码或对传感器功能进行检查。

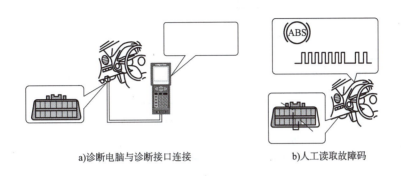

a)诊断电脑与诊断接口连接　　b)人工读取故障码

图 6-10　ABS 诊断接口用途

  6. 用手持式诊断电脑读取 ABS 故障码,根据读取的故障码确定故障范围。

用手持式诊断电脑读取 ABS 故障码。
(1)将手持式诊断电脑连接到诊断接口,打开点火开关。　　　　　　　　　　□任务完成
(2)打开诊断电脑,通过菜单选择或输入通道号的方式进入到 ABS 的故障码读取栏目。
　　　　　　　　　　　　　　　　　　　　　　　　　　　　　　　　　　□任务完成
(3)将读取的故障码记录下来。
(4)清除故障码。　　　　　　　　　　　　　　　　　　　　　　　　　　□任务完成
(5)再次读取故障码,并记录下来。

 小提示

如果故障码能够被清除,说明该故障属于偶发故障,或者是上一次维修时,维修技师在排除完故障后没有将故障码清除。如果两次都读到了同样的故障码,说明该故障为永久故障,故障不排除,故障码就无法清除。

如果 ABS 工作不正常,又没有故障码,这种故障不容易进行故障诊断。在排查 ABS 故障之前,首先要确保普通制动系统无故障。具体方法可参考相关车型的维修手册。

  7. ABS 的 ECU 电源电路出现故障时,将导致 ABS 不工作。如何根据电路图,对 ABS 的 ECU 电源电路进行检查?

向 ECU 提供电源的电路称为 ECU 电源电路,主要由继电器、点火开关、熔断丝等组成。如果在电源电路中检测到故障,ABS 的 ECU 将存储相关故障码,且失效保护功能将禁止 ABS 工作。

(1)观察并分析图 6-11 所示的丰田卡罗拉 ABS 电路(图中 A41 防滑控制 ECU 即 ABS 的 ECU),回答以下问题。

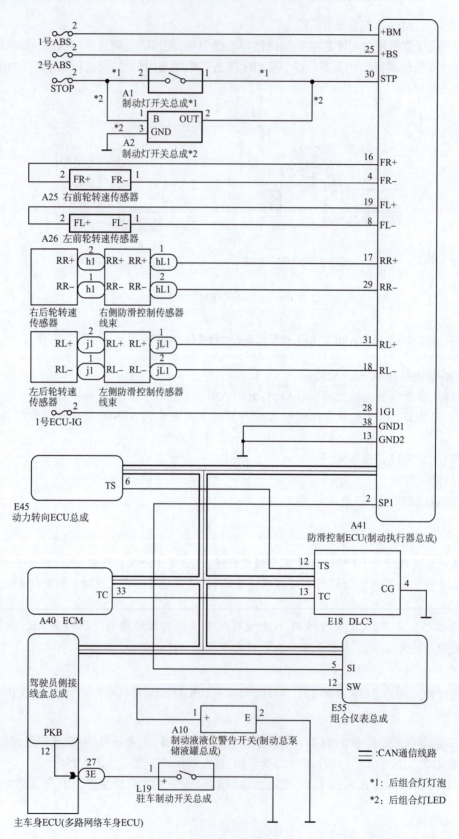

图 6-11 丰田卡罗拉 ABS 电路

①图中一共出现了哪几个ECU？写下它们的代号及名称。

②图中一共有哪几个传感器、开关？写下它们的代号及名称。

③ABS的ECU有哪几个电源正极？几个搭铁？写下它们的代号。

④ A41-25(+BS)和A41-28(IG1)都是电源,它们有什么区别？

(2)检查ABS的ECU电源电路。
①检查ABS熔断丝是否正常？　　　　　　　　　　　　　　　□是　　□否

 小提示

检查中发现ABS熔断丝熔断,不要急于更换熔断丝,而是应该先判定熔断丝是因为短路烧断还是因为疲劳损坏。

②检查蓄电池电压是否正常？　　　　　　　　　　　　　　　□是　　□否
③检查ABS的ECU线束插头是否连接良好？　　　　　　　　　□是　　□否
④在教师指导下,断开ABS的ECU连接器A41。　　　　　　　□任务完成

 小提示

断开ABS的ECU连接器前,必须先关掉点火开关。当点火开关接通时,绝不能断开汽车内部电器装置,由于断开时线圈的自感作用会产生很高的瞬时电压,这种电压将会造成传感器及ECU的损坏。

⑤查阅维修手册,参照图6-12,按表6-4中的值测量电压。

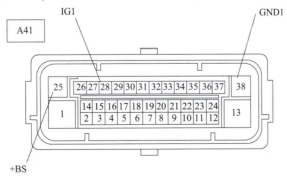

图6-12　ABS的ECU连接器A41端子

ABS 的 ECU 电压测量结果　　　　　　　　　　　　　　　　　　　　表 6-4

端　子	条　件	规 定 状 态	测 量 值	判　　断
A41-25(+BS)-车身接地				□ 正常 □ 不正常
A41-25(+BS)-A41-38(GND1)				□ 正常 □ 不正常
A41-28(IG1)-车身接地				□ 正常 □ 不正常
A41-28(IG1)-A41-38(GND1)				□ 正常 □ 不正常

⑥按表 6-5 测量电阻。

ABS 的 ECU 电阻测量结果　　　　　　　　　　　　　　　　　　　　表 6-5

端　子	条　件	规 定 状 态	测 量 值	判　　断
A41-38(GND1)-车身接地				□ 正常 □ 不正常

8. 轮速传感器提供的转速信号是 ABS 控制单元调节制动压力大小的依据，如果轮速传感器及其电路存在故障，则 ABS 不能正常工作，如何检查轮速传感器及其电路？

1）认识轮速传感器的基本结构及其输出信号波形

轮速传感器是车轮转速传感器的简称，每个车轮安装一个，用来检测车轮的转速，如图 6-13 所示。轮速传感器将车轮转速信号输送给 ABS 的 ECU，ECU 根据该信号鉴别相应车轮或轴的转速以及加速度。常见的轮速传感器有电磁式和霍尔式两种。

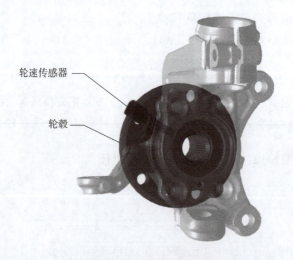

图 6-13　轮速传感器安装位置

（1）电磁式轮速传感器。

电磁式轮速传感器包括传感头和齿圈两部分。如图 6-14 所示，传感头由永久磁铁、磁极、线圈和壳体组成，安装在固定件上。齿圈随车轮一起转动。传感头和齿圈之间有 1mm 左右的气隙。电磁式轮速传感器工作时，像一个小发电机，_____（需要/不需要）ECU 提供电源，属于被动型轮速传感器。

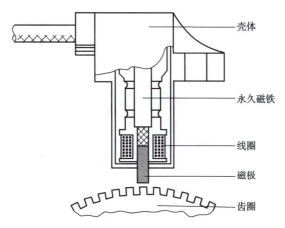

图6-14 电磁式轮速传感器结构图

①请观察图6-15,分析电磁式轮速传感器波形信号和车轮转速之间的关系,将分析结果填写在表6-6中。

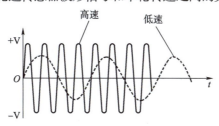

图6-15 电磁式轮速传感器信号波形图

电磁式轮速传感器波形信号与车轮转速的关系表　　　　　　　　　　　　　表6-6

车轮转速	波形频率	波形幅值(最高电压)
车轮转速低		
车轮转速高		

②如图6-16所示的是在车速为30km/h时测得的某电磁式轮速传感器输出信号波形。请分析是什么原因导致图中波形的幅值忽大忽小?

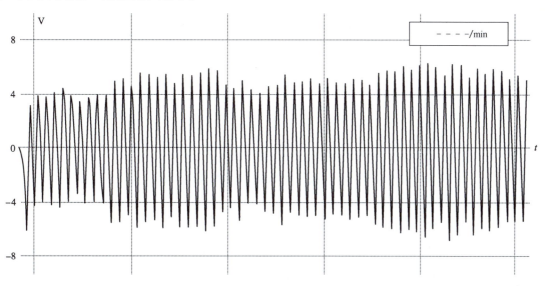

图6-16 30km/h电磁式轮速传感器信号

(2)霍尔式轮速传感器。

霍尔式轮速传感器如图6-17所示。传感头由霍尔元件、永久磁铁和电子电路组成。霍尔元件位于齿圈和永久磁铁之间,能够检测齿圈转动引起的磁通量变化,其输出经过电子电路放大后,输送给ECU。霍尔式轮速传感器_____(需要/不需要)ECU供电才能工作,属于主动型轮速传感器。

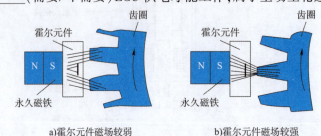

a)霍尔元件磁场较弱　　　　b)霍尔元件磁场较强

图6-17　霍尔式轮速传感器

> **小提示**
>
> 目前,大多数主动式轮速传感器的齿圈上设计有N-S的多极磁环(图6-18),传感头不再设计背磁,使得该类传感器体积更小,安装更方便,信号稳定,抗电磁干扰性好。

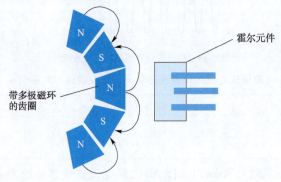

图6-18　取消背磁的霍尔式轮速传感器

请观察图6-19,分析霍尔式轮速传感器波形信号和车轮转速之间的关系,将分析结果填写在表6-7中。

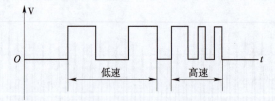

图6-19　霍尔式轮速传感器信号波形图

霍尔式轮速传感器波形信号与车轮转速的关系表　　　　表6-7

车轮转速	波形频率	波形幅值(最高电压)
车轮转速低		
车轮转速高		

霍尔式轮速传感器克服了电磁式轮速传感器的缺点,其输出信号电压幅值不受转速影响,频率响应高,抗电磁干扰能力强,应用越来越广泛。

学习拓展

磁阻式轮速传感器,如图6-20所示,是另一种主动式轮速传感器。它基于磁阻效应,即某些金属或半导体(磁阻元件)的电阻值随外加磁场的变化而变化的现象,给传感器上的磁阻元件接通电流,当车轮转动时(多极磁环转动),磁阻元件上的磁通密度不断变化,从而其电阻值不断变化,此变化经电子电路转换后输出给ABS的ECU。

图6-20 磁阻式轮速传感器

霍尔式和磁阻式主动轮速传感器都有可鉴别方向的和不可鉴别方向的两种类型。可鉴别方向的轮速传感器能识别倒车,大大提高了轮速传感器在智能方面的应用,如电子驻车(EPB)、坡道辅助技术(HAC)等。

2)请按照下列流程检查轮速传感器及其电路
(1)基本检查。
①轮速传感器插头是否连接良好?　　　　　　　　　　　　　　　　□是　　□否
②传感器外壳是否损坏?　　　　　　　　　　　　　　　　　　　　　□是　　□否
③传感器安装情况是否良好(图6-21)?　　　　　　　　　　　　　　□是　　□否

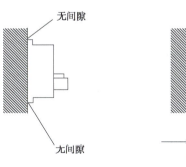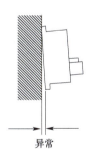

图6-21 轮速传感器安装情况

④轮速传感器转子是否有划痕、油污或异物?　　　　　　　　　　　□是　　□否

 小提示

如果有任何含铁的金属碎屑黏附在转子上,会导致其发生故障。

（2）读取数据流。

查阅维修手册，找出正常状态下轮速传感器转速读数，并起动车辆，转动车轮，读取各轮速传感器数据，填写表6-8。

轮速传感器转速读数　　　　　　　　　　　　　　　　　　　　　　　表6-8

测量项目	标准值	读数	判断
左前轮轮速传感器读数		_____ km/h	□ 正常 □ 不正常
右前轮轮速传感器读数	最低：_____ km/h 最高：_____ km/h	_____ km/h	□ 正常 □ 不正常
左后轮轮速传感器读数	车辆停止时：_____ km/h 定速行驶时：读数_____（有/无）较大的波动	_____ km/h	□ 正常 □ 不正常
右后轮轮速传感器读数		_____ km/h	□ 正常 □ 不正常

（3）线路测量。

断开有故障轮速传感器的连接器，从表6-9～表6-12中选择合适表格，进行电阻测量并记录。

左前轮速传感器测量结果　　　　　　　　　　　　　　　　　　　　　表6-9

端　子	条　件	规　定　状　态	测　量　值	判　断
A41－19（FL＋）－A26－2（FL＋）				□ 正常 □ 不正常
A41－19（FL＋）或A26－2（FL＋）－车身接地				□ 正常 □ 不正常
A41－8（FL－）－A26－1（FL－）				□ 正常 □ 不正常
A41－8（FL－）或A26－1（FL－）－车身接地				□ 正常 □ 不正常

右前轮速传感器测量结果　　　　　　　　　　　　　　　　　　　　　表6-10

端　子	条　件	规　定　状　态	测　量　值	判　断
A41－16（FR＋）－A25－2（FR＋）				□ 正常 □ 不正常
A41－16（FR＋）或A25－2（FR＋）－车身接地				□ 正常 □ 不正常
A41－4（FR－）－A25－1（FR－）				□ 正常 □ 不正常
A41－4（FR－）或A25－1（FR－）－车身接地				□ 正常 □ 不正常

学习任务6　防抱死制动系统的检测与维修

左后轮速传感器测量结果　　　　　　　　　　　　　　　　　　　　表 6-11

端　子	条　件	规 定 状 态	测 量 值	判　断
A41－31（RL＋）－jL1－1（RL＋）				□ 正常 □ 不正常
A41－31（RL＋）或 jL1－1（RL＋）－车身接地				□ 正常 □ 不正常
A41－18（RL－）－jL1－2（RL－）				□ 正常 □ 不正常
A41－18（RL－）或 jL1－2（RL－）－车身接地				□ 正常 □ 不正常

右后轮速传感器测量结果　　　　　　　　　　　　　　　　　　　　表 6-12

端　子	条　件	规 定 状 态	测 量 值	判　断
A41－17（RR＋）－hL1－1（RR＋）				□ 正常 □ 不正常
A41－17（RR＋）或 hL1－1（RR＋）－车身接地				□ 正常 □ 不正常
A41－29（RR－）－hL1－2（RR－）				□ 正常 □ 不正常
A41－29（RR－）或 hL1－2（RR－）－车身接地				□ 正常 □ 不正常

（4）读取波形。

用示波器检测轮速传感器波形，将检测到的波形画在下面的网格中，并填写表 6-13。

轮速传感器波形坐标参数表 表6-13

项 目	内 容
探针连接部位	
坐标的单位	纵(电压):每格_____;横(时间):每格_____
判断	□正常　□不正常

9. 利用手持式诊断电脑检查制动压力调节器。

1)制动压力调节器在 ABS 中的作用

制动压力调节器(图6-22)被通俗地称为 ABS 泵,通常与 ABS 的 ECU 组装在一起。其根据 ABS 的 ECU 发出的控制信号,调节轮缸的制动压力。制动压力调节器中一般有多个电磁阀,1~2个由电机带动的回油泵。

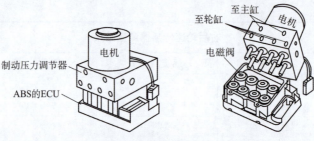

图6-22　制动压力调节器

分析有 ABS 和无 ABS 的汽车制动(图6-23)时,制动压力和车轮转速有什么区别？将分析结果填写在表6-14中。

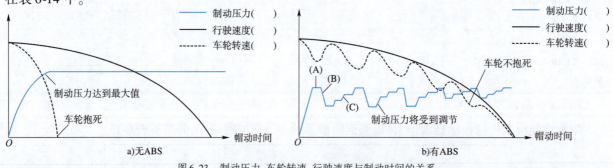

图6-23　制动压力、车轮转速、行驶速度与制动时间的关系

有 ABS 与无 ABS 对比表 表6-14

类　型	制动压力变化	车轮转速变化
无 ABS		
有 ABS		

2)制动压力调节器是如何调整制动压力的

ABS 通过压力调节器的工作,分别实现升压状态、保压状态和减压状态,如图6-23b)中的(C)段、(A)段和(B)段所示。

许多 ABS 制动压力调节器采用两个电磁阀控制一个通道的制动压力,其工作原理如下。

小提示

在 ABS 中,能够独立进行制动压力调节的制动管路被称为控制通道。ABS 常常按照传感器数量、控制通道的数量进行分类,图6-24显示的是几种常见ABS制动回路。

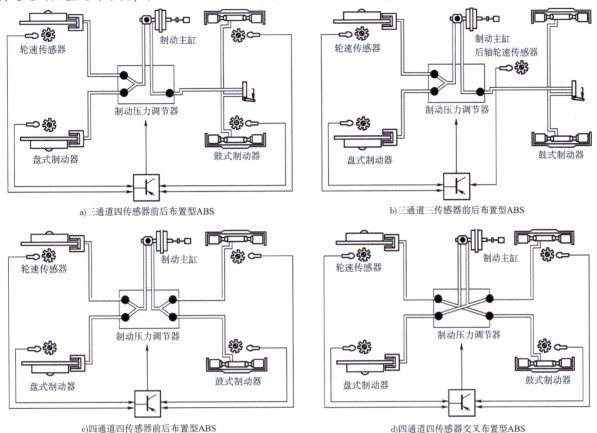

图6-24 ABS常见制动回路

(1)升压控制。

如图6-25所示,当ABS的ECU根据轮速传感器传过来的信号判断车轮转速过高,滑移率太低,ECU控制制动压力调节器中的进油阀_____(不通电/通电),出油阀_____(不通电/通电),来自制动主缸的制动液直接进入轮缸,轮缸压力_____(增加/减小/不变)。

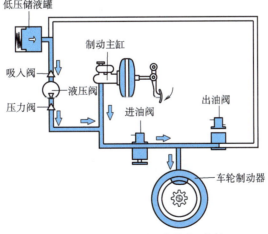

图6-25 双电磁阀压力调节器升压控制

（2）保压控制。

如图 6-26 所示，当 ABS 的 ECU 根据轮速传感器传来的信号判断车轮转速过低，有抱死的趋势，开始控制制动压力调节器中的进油阀_____（不通电/通电），出油阀_____（不通电/通电），来自制动主缸的制动液不进入轮缸，轮缸压力_____（增加/减小/不变）。

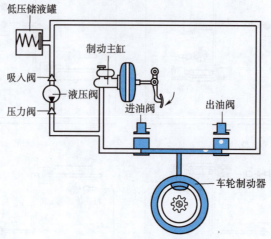

图 6-26　双电磁阀压力调节器保压控制

（3）减压控制。

如图 6-27 所示，当 ABS 的 ECU 根据轮速传感器传来的信号判断车轮仍然过低，有抱死的趋势，开始控制制动压力调节器中的进油阀_____（不通电/通电），出油阀_____（不通电/通电），来自轮缸的制动液由回油泵流回主缸，轮缸压力_____（增加/减小/不变）。

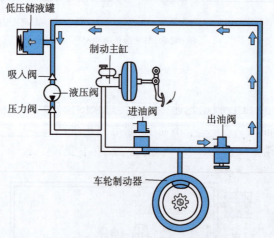

图 6-27　双电磁阀压力调节器减压控制

小提示

本工作页主要学习循环式制动压力调节器（我国生产的大众捷达、丰田卡罗拉、东风雪铁龙轿车采用这种调节器），目前在许多车上还用到一种可变容积式制动压力调节器（我国生产的上海通用汽车采用这种调节器），希望你能通过其他的学习资料学习相关内容。

3）用手持式诊断电脑检查制动压力调节器的工作情况，记录检查结果

由于 ABS 电磁阀位于制动压力调节器内部，因此，无法直接进行电磁阀电路检查和电磁阀单元检查。可以利用各汽车公司专用诊断电脑中的主动测试栏目，对 ABS 电磁阀等部件进行检查。

学习任务6 防抱死制动系统的检测与维修

(1) 检查制动压力调节器中电动机的工作情况。
① 将手持式诊断电脑连接到诊断接口。　　　　　　　　　　　　　　□任务完成
② 起动发动机并使其怠速运转。　　　　　　　　　　　　　　　　　□任务完成
③ 打开诊断电脑,通过菜单选择或输入通道号的方式进入到ABS的主动测试栏目。　□任务完成
④ 接通电动机继电器,并检查执行器电动机是否发出工作声音。　　　□是　□否

> **小提示**
>
> 不要使电动机继电器连续接通时间超过5s。如果需要重复操作,则两次操作需要有20s以上的间隔。以下每一次接通电动机继电器都有同样的要求。

⑤ 断开电动机继电器。　　　　　　　　　　　　　　　　　　　　　□任务完成
⑥ 完全踩下制动踏板并保持约15s,检查并确认在这15s内始终保持踏板的初始深度。　□任务完成
⑦ 接通电动机继电器,检查并确认踏板不脉动。　　　　　　　　　　□任务完成
⑧ 断开电动机继电器并松开制动踏板。
(2) 检查左前轮电磁阀的工作情况。
① 踩下制动踏板并保持住。　　　　　　　　　　　　　　　　　　　□任务完成
② 同时接通ABS电磁阀SFLH和SFLR,检查并确认踏板能否进一步踩下。　□任务完成

> **小提示**
>
> 每个电磁阀工作2s,然后自动断开。如果需要重复操作电磁阀,则两次操作需要有20s以上的间隔。

③ 同时断开ABS电磁阀SFLH和SFLR,检查并确认可以踩下踏板。　　□任务完成
④ 踩住踏板,接通电动机继电器,检查并确认踏板回位。　　　　　　□任务完成
⑤ 断开电动机继电器并松开制动踏板。　　　　　　　　　　　　　　□任务完成
(3) 检查其他车轮电磁阀的工作情况。
使用与左前轮检查同样的程序,检查其他车轮的电磁阀。各车轮对应的电磁阀分别是右前轮:SFRH、SFRR;左前轮:SFLH、SFLR;右后轮:SRRH、SRRR;左后轮:SRLH、SRLR。

> **小提示**
>
> 下面是简化了的主动测试方法:
> (1) 将手持式诊断电脑连接到诊断接口;
> (2) 将点火开关置于ON位置;
> (3) 打开诊断电脑,通过选择菜单或输入通道号的方式进入到ABS的主动测试栏目,按表6-15进行检查。

主动测试检查表　　　　　　　　　　　　　　　　　　　　　　　　表6-15

检查项目	操作范围	备注
ABS电动机继电器	继电器ON/OFF	可以听到泵与电动机的工作声音
ABS警告灯	警告灯ON/OFF	可以在组合仪表板上观察到
制动警告灯	警告灯ON/OFF	

续上表

检查项目	操作范围	备注
ABS 电磁阀（SRLR）	电磁阀 ON/OFF	
ABS 电磁阀（SRLH）	电磁阀 ON/OFF	
ABS 电磁阀（SRRR）	电磁阀 ON/OFF	
ABS 电磁阀（SRRH）	电磁阀 ON/OFF	可以听到电磁阀的工作声音（咔嗒声）
ABS 电磁阀（SFLR）	电磁阀 ON/OFF	
ABS 电磁阀（SFLH）	电磁阀 ON/OFF	
ABS 电磁阀（SFRR）	电磁阀 ON/OFF	
ABS 电磁阀（SFRH）	电磁阀 ON/OFF	

 10. 根据检查结果，更换有故障的 ABS 元件，并确认 ABS 可以正常工作。

（1）请根据检查结果，做出正确的维修意见，完成表6-16。

ABS 元件检查结果及维修意见表　　　　表6-16

元件名称	检查结果	维修意见
轮速传感器传感头		
轮速传感器齿圈		
制动压力调节器		
ABS 的 ECU		
ABS 警告灯		
诊断接口		
各线束及连接器		

工作中，找到故障部位，确定维修意见后，需要征得顾客的同意才能进行修复。

（2）参考维修手册，更换或修理有故障的元件，简要写出维修步骤及注意事项。

不同的车，其 ABS 各元件的更换程序不一定相同。有些车辆在更换 ABS 的 ECU 后，需要对 ECU 重新编码，否则 ABS 不能正常工作。有些车辆在更换制动压力调节器后，在进行完常规制动系统排气之后，还需要按照专门的工作程序配合诊断电脑进行制动压力调节器的排气。拆卸制动压力调节器时，为了避免制动液飞溅，通常需要按照维修手册的说明对 ABS 进行卸压。

(3)清除故障码。　　　　　　　　　　　　　　　　　　　　□任务完成

(4)路试检查ABS工作是否正常,ABS警告灯是否异常(自检、低速、高速三种工况下)。

(5)再次读取故障码。　　　　　　　　　　　　　　　　　　□任务完成

小提示

如果系统中仍然存在故障码,说明故障未被排除。

(6)如果你确认故障已修复,请签名:_____　　　　　年　　月　　日

三、评价与反馈

1. 使用(维修)案例分析

一辆行驶里程约92000km的丰田雷克萨斯IS300轿车,该车点火开关转到ON位置后,ABS故障指示灯点亮约3s,然后正常熄灭。接着以60km/h的速度进行路试,快速踩下制动踏板,开始时制动效果很好,踏板有轻微的脉动,制动平稳有力。但试验了几次后,ABS故障指示灯突然闪亮几次,随后ABS明显不起作用,感觉制动踏板有不寻常的抖动且发硬,制动效果减弱。下车观察,发现路面上有较明显的制动印痕。停车一段时间后重新试验,开始时也一切正常,但偶尔又会出现以上现象。

首先,进行常规制动系统的检查。分别对制动液液面高度及品质、摩擦片厚度、制动盘、制动轮缸及总缸、液压系统进行检测,结果均正常。接下来,检查ABS。首先读取故障码,用故障诊断仪进行检测,仪器输出故障码"31",经查阅故障码表,故障码"31"的含义为"右前轮转速传感器信号故障"。

根据故障码的提示,检查轮速传感器。拆下右前翼子板,断开轮速传感器连接器,用万用表测得传感器的电阻值为1.2kΩ,正常。由于传感器的安装是固定的,所以无需调整。检查输出导线和连接器,也没有损坏。抽出半轴,检查传感器转子、齿面均完好,但发现转子齿圈有几个齿之间塞满了污泥,还夹杂着一些铁屑。至此问题找到了。

故障排除:清除传感器转子上的污泥,并用水清洗干净。插上右前轮速传感器连接器,装好翼子板,装上车轴及轮胎。清除掉ECU内存储的故障码,打开点火开关,ABS故障指示灯不再亮起。再次读取故障码,无故障码。

在公路上以80~100km/h的速度试车,约行驶了30km,选择在各种路面情况下进行紧急制动。踩下制动踏板时感觉踏板有轻微脉动,说明ABS起作用,制动平稳有力,只有轻微的制动印痕。回厂后,又在检测线的制动试验台上进行检测,制动效果良好,遂将车交付用户使用。日后回访用户,该车再没有出现类似的故障现象。

(1)制动印痕是否可以反映车轮制动的某些状况?为什么?

(2)轮速传感器的检查方法和步骤都有哪些?

2. 学习自测题

(1) 滑移率的数值大小,可以反映车辆是否完全抱死或接近于抱死。(　　)
　　A. 正确　　　　　　　　　　　　　　　　B. 错误

(2) 关于车轮抱死,下列说法正确的是(　　)。
　　A. 紧急制动时前轮抱死比后轮抱死更危险,因为此时汽车无法控制转向
　　B. 车轮抱死时将产生最大的制动力
　　C. 车轮抱死时汽车无法制动住车
　　D. 横向附着系数在车轮抱死时下降为零,是造成抱死时甩尾的主要原因

(3) 关于 ABS,下列说法正确的是(　　)。
　　A. ABS 灯点亮时汽车将无法制动
　　B. ABS 一旦出现故障并被 ECU 检测到,ECU 会将 ABS 重新启动
　　C. 许多车辆的 ABS 的 ECU 和制动压力调节器安装在一起
　　D. ABS 起作用时,由制动压力调节器产生制动油压,驾驶员不需要踩制动踏板,或仅需要点刹

(4) 偶发故障不属于故障,不需要维修。(　　)
　　A. 正确　　　　　　　　　　　　　　　　B. 错误

(5) 各种类型轮速传感器都是在低速时信号强,高速时信号频率高。(　　)
　　A. 正确　　　　　　　　　　　　　　　　B. 错误

(6) 为了避免轮速传感器与随车轮旋转的传感器齿圈发生碰撞,应尽可能远离传感器齿圈安装。(　　)
　　A. 正确　　　　　　　　　　　　　　　　B. 错误

(7) 对许多车型的 ABS,可以借助手持式诊断电脑,检查其制动压力调节器是否工作正常。(　　)
　　A. 正确　　　　　　　　　　　　　　　　B. 错误

3. 维修信息获取练习

(1) 查阅维修手册,将 ABS 的 ECU 各端子的功能填在表 6-17 中(如果该端子没有和其他元件相连则填写"空脚")。

ECU 端子接线表　　　　　　　　　　　　　　　　　　　　　　表 6-17

端子	连 接 元 件	端子	连 接 元 件	端子	连 接 元 件
1		14		27	
2		15		28	
3		16		29	
4		17		30	
5		18		31	
6		19		32	
7		20		33	
8		21		34	
9		22		35	
10		23		36	
11		24		37	
12		25		38	
13		26			

(2) 通过互联网,查阅 ESP 有关资料,它与 ABS 在功能、组成方面有什么区别?

4. 学习目标达成度的自我检查(表 6-18)

自 我 检 查 表　　　　　　　　　　　　　表 6-18

序号	学习目标	达成情况(在相应的选项后打"√")		
		能	不能	如果不能,是什么原因
1	叙述 ABS 的功用、组成部分及各部分的作用			
2	使用手持式汽车诊断电脑读取和清除 ABS 故障码			
3	识读 ABS 电路图,并可根据电路图进行系统电路检查			
4	检查轮速传感器,必要时进行清洁或更换			
5	使用手持式汽车诊断电脑检查制动压力调节器			
6	检查 ABS 电控单元,必要时对电控单元进行重新编码			

5. 日常表现性评价(由小组长或者组内成员评价)

(1) 工作页填写情况。(　　)

　　A. 填写完整　　　　B. 缺失 0 ~ 20%　　　C. 缺失 20% ~ 40%　　D. 缺失 40% 以上

(2) 工作着装是否规范?(　　)

　　A. 穿着校服(工作服),佩戴胸卡　　　　B. 校服或胸卡缺失一项

　　C. 偶尔会既不穿校服又不戴胸卡　　　　D. 始终未穿校服、佩戴胸卡

(3) 能否主动参与工作现场的清洁和整理工作?(　　)

　　A. 积极主动参与"5S"工作

　　B. 在组长的要求下能参与"5S"工作

　　C. 在组长的要求下能参与"5S"工作,但效果差

　　D. 不愿意参与"5S"工作

(4) 在起动发动机时,有无进行安全检查并警示其他同学?(　　)

　　A. 有安全检查和警示　　　　　　　　B. 无安全检查,有警示

　　C. 有安全检查,无警示　　　　　　　　D. 无安全检查,无警示

(5) 是否达到全勤?(　　)

　　A. 全勤　　　　　　　　　　　　　　B. 缺勤 0 ~ 20%(有请假)

　　C. 缺勤 0 ~ 20%(旷课)　　　　　　　D. 缺勤 20% 以上

(6) 总体印象评价。(　　)

　　A. 非常优秀　　　　B. 比较优秀　　　　C. 有待改进　　　　D. 急需改进

(7) 其他建议:

小组长签名:_____　　　　　_____年_____月_____日

6. 教师总体评价

(1) 对该同学所在小组整体印象评价。(　　)

    A. 组长负责,组内学习气氛好

    B. 组长能组织组员按要求完成学习任务,个别组员不能达成学习目标

    C. 组内有 30% 以上的学员不能达成学习目标

    D. 组内大部分学员不能达成学习目标

(2) 对该同学整体印象评价：

_____

_____

_____。

教师签名：_____　　　　　　　_____年_____月_____日

学习任务 7　制动跑偏故障的诊断与排除

学习目标

完成本学习任务后,你应当能:
1. 叙述故障诊断基本流程;
2. 叙述测试制动性能的方法;
3. 在教师指导下,用制动试验台对故障车辆进行制动性能测试,独立分析测试结果,确定故障的类型;
4. 查阅资料,制订并实施制动跑偏故障的诊断与排除计划;
5. 运用所学知识,对制动系统其他故障进行诊断。

建议完成本学习任务为 12 学时

内容结构

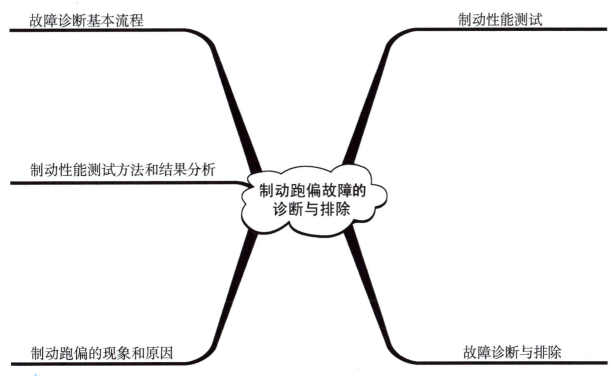

学习任务描述

一位顾客反映汽车制动时跑偏,经检查已经排除了制动系统以外其他系统的故障原因,要求对制动系统进行诊断,查出故障原因并排除故障。

制动跑偏是制动系统常见故障之一,车辆出现制动跑偏故障之后,驾驶人无法有效控制前进方向,容易造成交通事故。作为汽车维修技术人员应能够根据故障的现象,采用有效的方法对故障进行诊断与排除。

一、学习准备

 1. 什么是制动跑偏?

1)制动系统的常见故障

制动系统的常见故障有:_____、_____、制动跑偏和制动拖滞。

2)制动跑偏的现象

描述制动跑偏的现象:

 小词典

跑偏:汽车自动偏离原来的直线行驶方向。

3)制动跑偏的原因

制动跑偏的根本原因是左右车轮的制动力不相等。制动系统和悬架系统的故障都可能引起制动跑偏,由于制动系统故障引起制动跑偏的具体原因有哪些?在正确的选项前打"√"。

□左右制动间隙不一致
□某侧轮缸内有空气、软管老化或轮缸泄漏
□左右轮摩擦衬片的接触面积大小相差太大
□左右轮制动蹄复位弹簧弹力不等
□某侧摩擦衬片油污、水湿、硬化或铆钉外露
□左右轮制动鼓内径磨损不相同
□某侧制动管路破损或堵塞

 2. 在对汽车进行制动跑偏故障诊断之前,明确故障诊断的基本流程。

故障诊断基本流程如图7-1所示。

(1)收集故障信息:询问顾客故障现象,调查车的历史维修信息。

(2)基本检查:以目测为主的简单检查和测量,如轮胎气压、胎面磨损、悬架各部件的状态、制动液量和制动踏板等。

(3)确认故障内容:通过路试或检测试验台确认故障的内容。

(4)故障诊断:根据故障现象,参照维修资料,分析故障可能的原因和产生的部位,查找并确定故障的根源。

(5)排除故障:按维修手册的指引排除故障。

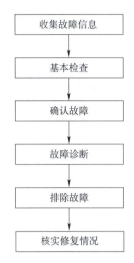

图 7-1 故障诊断基本流程

(6)核实修复情况:通过检测试验台检测或路试核实故障是否已排除。

二、计划与实施

 3. 一辆车存在制动跑偏现象,准备对这辆车进行故障诊断并维修。记录车辆的基本信息,准备进行诊断和排除所需要的设备、工具与耗材等。

(1)将车辆的基本信息记录在表 7-1 中。

车辆基本信息表　　　　　　　　　　　　　　　　　　　表 7-1

车辆型号(VIN 码)			
车牌号码		车型及行驶里程	
维修接待的维修意见			

(2)工作准备。准备制动器检查与修理所需要的设备、工具与耗材等,并在表 7-2 中记录准备情况。

设备、工具与耗材准备记录表　　　　　　　　　　　　　表 7-2

名　称	型　号	数量	是否会使用	是否准备好
举升设备			□是　□否	□是　□否
制动试验台			□是　□否	□是　□否
内径游标卡尺			□是　□否	□是　□否
千分尺			□是　□否	□是　□否
支架百分表			□是　□否	□是　□否
扭力扳手			□是　□否	□是　□否
维修手册	—		□是　□否	□是　□否
专用工具			□是　□否	□是　□否
常用工具			□是　□否	□是　□否
制动液			□是　□否	□是　□否
干净抹布	—			□是　□否

4. 对汽车制动系统等进行基本检查,包括制动液检查、制动管路检查、轮胎气压及磨损情况检查。

1)检查制动液和制动管路

(1)写出制动液检查和管路检查工作计划,并实施。在表7-3中记录检查结果,并根据检查结果确定修理方法。

制动液及制动管路检查记录表　　　　　　　　　　　　　表7-3

检查项目	检查结果	修理方法
制动液量		
制动液品质		
制动管路		

(2)如果制动管存在凹扁现象或制动软管存在发胀现象,是否也会导致制动跑偏?为什么?

2)检查轮胎气压及磨损情况

(1)检测各轮胎气压及磨损情况,在表7-4中记录检查结果。

轮胎检查记录表　　　　　　　　　　　　　表7-4

轮胎	气压值		尺寸	新旧情况		磨损情况	
	标准值	检测值		新	旧	正常	超标
左前				□	□	□	□
右前				□	□	□	□
左后				□	□	□	□
右后				□	□	□	□

(2)轮胎气压与磨损情况对制动性能有何影响?为什么?

(3)如果左右轮胎的尺寸、气压和磨损情况不一致是否会造成汽车在正常行驶时也会出现跑偏现象?为什么?

(4)根据上面的检查结果,应对轮胎采取什么相应措施?

 5.利用制动试验台对汽车进行制动性能测试。记录测试结果,确认是否存在制动跑偏故障,并利用测试数据、图表对故障进行基本分析。

(1)故障的确认是故障诊断基础,对制动跑偏故障有哪些确认的方法?

①通过道路试验,确认故障。

试验时,选择干燥、清洁、平坦的路面,由专业试车员驾驶汽车,根据顾客描述的故障现象,通过故障再现,凭借试车员的经验,确定故障的类型。

> **学习拓展**
>
> ## 道 路 试 验
>
> 1. 路试的目的
>
> 比较汽车的实际制动性能与试车员理解的标准制动性能。
>
> 2. 试车员的要求
>
> 试车员必须具备完整的制动系统工作原理知识和接受过系统的指导,经验丰富,能够进行正确比较和发现问题。
>
> 3. 路面的要求
>
> 路面应该是干燥、清洁、平坦的水平道路。
>
> 4. 路试前的准备
>
> 路试前检查:根据顾客的描述,在路试前检查可疑的部位,消除不安全的隐患。
>
> 确定路试的步骤:根据顾客的描述,试车员将故障可能的原因和症状联系起来,确定路试的方法和步骤。
>
> 5. 进行试车,确定故障
>
> 通过汽车的实际制动性能与标准的制动性能比较,确定故障的内容。

②通过制动试验台测试,用测试数据确认故障。

与道路试验相比,制动试验台试验科学性强,安全性高,不受试验条件和试车员主观判断的误差影响,能取得较准确的数据,便于分析、研究。

常见制动试验台,按测试原理不同可分为_____和_____两种;按试验台支撑车轮形式不同可分为_____和_____两种。

a. 平板式制动试验台。平板式制动试验台具有结构简单、测试方便和测试过程更接近实际制动过程等优点。图 7-2 为平板式制动试验台示意图。

b. 滚筒式制动试验台。滚筒式制动试验台具有测试条件固定、重复性好、结构简单、操作安全性能好等优点。图 7-3 为滚筒式制动试验台示意图。

(2)查阅国家标准《机动车运行安全技术条件》(GB 7258—2017),找到并摘录用试验台检验制动性能的相关标准。

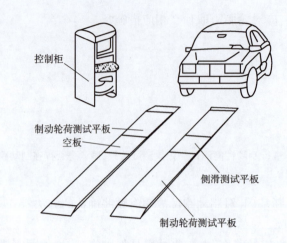

图 7-2 平板式制动试验台示意

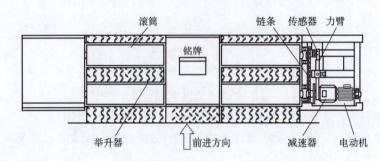

图 7-3 滚筒式制动试验台示意

①制动力百分比要求：

②制动力平衡要求：

③制动协调时间要求：

④车轮阻滞率要求：

⑤驻车制动性能要求：

学习任务7　制动跑偏故障的诊断与排除

 小词典

制动力平衡：在制动力增长全过程中左右轮制动力差越小越好。

制动协调时间：是指在急踩制动踏板时，从脚接触制动踏板时起至制动力达到标准规定的制动力的75%时所需的时间。

（3）利用制动试验台对汽车进行制动性能测试。记录测试结果，分析测试数据。

①查阅试验台使用说明书，小组讨论确定测试作业的步骤，经老师确认后写出制动测试步骤。

②阅读试验场地的安全规范。试验过程可能出现哪些危险状况？

 小提示

在测试过程中汽车要以一定速度驶上和驶下试验台，安全问题是整个测试过程考虑的首要问题，必须严格遵守场地安全规范，不要进入车道和禁止进入的区域，必须由有驾驶证的教师驾驶汽车，以免出现意外。

③进行制动测试，将测试结果填写到下面表格，并判断测试数据是否符合标准。

在表7-5中记录制动力数据。

制动力测试结果记录表　　　　　　　　　　　　　表7-5

制 动 力	前制动力(N)	后制动力(N)	驻车制动力(N)
左轮			
右轮			
合计			

在表7-6中记录轴重数据。

轴重数据记录表　　　　　　　　　　　　　　　　表7-6

前轴重(t)	后轴重(t)	总重(t)

根据试验数据，计算出表7-7中各指标值，将结果填入表中。

制动测试结果数据表　　　　　　　　　　　　　　表7-7

制动性能指标	行车制动	驻车制动
总制动力(N)		
总制动力/总重(%)		

续上表

制动性能指标	行车制动	驻车制动
前制动力总和/前轴重		—
后制动力总和/后轴重		—
前左右制动力之差/前最大制动力		—
后左右制动力之差/后最大制动力		—

对比制动性能的国家标准,上面的制动性能指标中有哪些不符合标准?

④利用测试输出图线来分析故障。
a. 常见的测试输出图线。
制动力不足(图7-4);
左制动鼓不圆(图7-5);

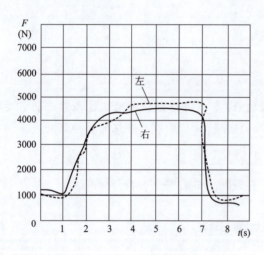

图7-4 制动力测试图之一

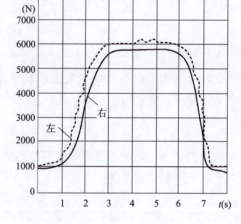

图7-5 制动力测试图之二

制动力增长缓慢(图7-6);
制动力完全释放时间过长(图7-7);

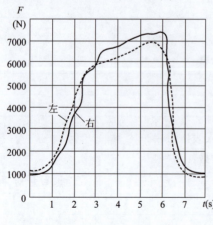

图7-6 制动力测试图之三

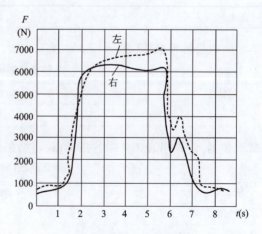

图7-7 制动力测试图之四

左轮制动力增长缓慢,右轮制动力不足(图7-8);
右轮无制动力(图7-9)。

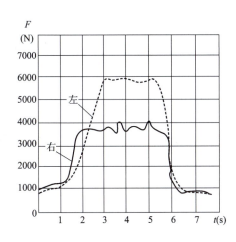

图7-8　制动力测试图之五　　　　图7-9　制动力测试图之六

b. 根据测试数据,在图7-10中画出实际测试图线,并判断前后、左右车轮的制动力存在什么异常情况,是否存在制动跑偏故障?

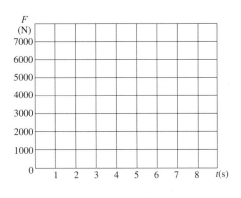

图7-10　制动力实测图

 6. 某车轮制动器制动力存在异常,导致制动跑偏,需要检查该制动器。小组讨论,制订制动器检查的工作计划,并实施。

(1) 根据之前学习任务所学知识,写出制动器检查的工作计划。

 小提示

在检查制动器时,不要拆下制动软管。在拆下制动鼓和拆开制动钳之后,严禁踩下制动踏板,以免轮缸活塞被压出,制动液飞溅出来。制动液会对人的眼睛和皮肤造成伤害,会腐蚀汽车零部件以及污染场地和环境。

(2)按工作计划对制动器进行检查,记录检查结果。
①对制动器及其部件进行检查,并做记录。

项目	是	否
轮缸是否漏油:	□是	□否
轮缸防尘套是否破损:	□是	□否
轮缸活塞是否有卡滞现象:	□是	□否
制动鼓是否有裂纹和深划槽:	□是	□否
摩擦衬片是否有油污:	□是	□否
摩擦衬片是否有裂纹:	□是	□否
滑销上的防尘套是否破损:	□是	□否
制动钳在滑销上移动时是否有卡滞现象:	□是	□否
各复位弹簧是否有变形、断裂等现象:	□是	□否

②对前盘式制动器部件进行检测,在表7-8中记录检测结果。

盘式制动器部件检测记录表　　　　表7-8

检测项目	摩擦衬片厚度	制动盘厚度	制动盘圆跳动偏差
测量值(mm)			
极限值(mm)			

③对后鼓式制动器检测,在表7-9中记录检测数据。

鼓式制动器部件检测记录表　　　　表7-9

检测项目	摩擦衬片厚度	制动鼓内径
测量值(mm)		
极限值(mm)		

④针对上面的检测结果,将采取什么相应措施?

7.针对上面的诊断结果,制订相应的制动跑偏故障排除计划,并实施。在排除故障后再次进行制动测试,确保故障已排除。

三、评价反馈

1.使用(维修)案例分析

一辆行驶里程约80000km的广汽丰田凯美瑞轿车,车主反映,该车在制动时会向右跑偏。对轮胎的花纹进行目视检查,发现各轮胎磨损程度基本相同。接车后,将车开到平直宽敞的道路上试车。在车速达到80km/h时,手轻扶转向盘,急踩制动踏板,发现车辆向右侧跑偏。初步诊断为制动跑偏,于是将车开回修理厂做详细检查。

首先,检查仪表板上相关制动指示灯的情况,未见异常。接着,举升车辆,仔细检查轮胎的情况,无不正常磨损的迹象,各轮胎的型号和规格也完全相同。接着,检查各轮胎的气压,气压正常。因此,排除轮胎问题导致制动跑偏的可能性。

由于车辆制动时向右侧跑偏,怀疑是左前轮制动力不足引起的。于是重点对左前轮的制动状况进行检查。拆下左前轮,检查制动摩擦衬片的情况,发现制动摩擦衬片刚更换不久;检查制动轮缸,没有发现漏油的情况;检查制动盘,没有严重的划痕和油污,也无变形。将左前轮装复,用四轮定位仪检查车辆的相关数据,也均符合要求。

于是怀疑是制动主缸存在故障,拆下制动主缸进行检查,未见异常;检查制动主缸各管路的压力值,也均符合要求。造成车辆制动跑偏的因素几乎都检查过了,却仍然没有找到故障点,于是决定再次进行路试,看故障是否有所改善,结果制动时车辆仍然向右偏斜。决定将制动主缸上的左前和右前制动管路调换来确定故障范围。经过调换并按相关的技术要求进行排气后,再对车辆进行路试,发现车辆仍然向右跑偏,这说明制动主缸及其控制系统均正常。至此,故障排除陷入僵局。

经过仔细思考,既然制动主缸及其控制系统正常,而左前轮的制动器也是正常的,那么只可能是左侧的制动管路存在问题导致了故障的产生。于是对左侧的制动管路进行认真全面的检查,最终发现有一处制动管路已被压扁了。

更换被压扁的左侧制动管路,并按相关技术要求进行排气处理后试车,车辆的制动性能恢复正常,不再出现制动跑偏的现象。至此,故障排除。

(1)在本维修案例中,总共进行了哪几个项目的检查?

(2)对这个维修案例你有什么感想?

2.学习自测题

(1)制动系统的常见故障有(　　)。(多选)

　　A.制动跑偏　　　　　　　B.行驶跑偏　　　　　　　C.制动不灵
　　D.制动过慢　　　　　　　E.制动失效　　　　　　　F.制动拖滞

(2)制动跑偏(　　)。

　　A.就是甩尾
　　B.就是侧滑
　　C.就是跑偏
　　D.是指汽车制动时,时常不按直线方向减速,而是自动向左或向右偏驶

(3)下列选项中属于制动跑偏原因的是(　　)。(多选)

　　A.左右轮摩擦衬片的接触面积大小相差太大
　　B.某侧摩擦衬片有油污
　　C.真空助力器失效
　　D.左右轮制动蹄复位弹簧弹力不等
　　E.左右制动间隙不一致

F. 左右轮胎磨损程度不一致

G. 某侧制动管路破损或堵塞

(4)关于故障诊断基本流程,下列说法正确的是(　　)。

　　A. 收集故障信息:通过路试或检测试验台确认故障的内容

　　B. 基本检查:以拆开检查为主,如拆下外壳、管路进行的初步检查

　　C. 确认故障内容:询问顾客故障现象,调查车的历史维修信息

　　D. 故障诊断:根据故障现象,参照维修资料,分析故障可能的原因和产生的部位,查找并确定故障的根源

(5)利用制动试验台对汽车进行制动性能测试,下列说法正确的是(　　)。

　　A. 进行制动性能测试对试车员要求不高,无需什么经验

　　B. 平板式制动试验台具有测试条件固定、重复性好、结构简单、操作安全性能好等优点

　　C. 滚筒式制动试验台具有结构简单、测试方便、测试过程更接近实际制动过程等优点

　　D. 道路试验时,选择干燥、清洁、平坦的路面

(6)根据国家标准《机动车运行安全技术条件》(GB 7258—2017),下列有关试验台检验制动性能的相关标准,正确的是(　　)。

　　A. 制动力总和应超过整车质量的50%

　　B. 制动力在前轴两轮之间相差不超过10%

　　C. 制动力平衡要求是指在产生最大制动力时,左右轮制动力之差与该轴左右轮中最大制动力的比值不超过相应比例

　　D. 各车轮的阻滞力不大于轮荷的10%

(7)制动力增长缓慢与制动力完全释放时间过长的原因是一样的。(　　)

　　A. 正确　　　　　　　　　　　　　　　　B. 错误

3. 维修信息获取练习

(1)通过互联网查阅国家标准《机动车运行安全技术条件》(GB 7258—2017)中对制动系统有哪些重要的要求?

(2)参照故障诊断的基本流程,查阅资料,并小组讨论,制订制动失效的故障诊断计划。

①当汽车出现制动失效的故障时,会出现什么现象?

②造成制动失效故障的原因有哪些?

③充分考虑工作效率的要求,制订出合理的诊断计划。

4. 学习目标达成度的自我检查(表7-10)

自 我 检 查 表　　　　　　　　　　　　　　　表7-10

序号	学 习 目 标	达成情况(在相应的选项后打"√")		
		能	不能	如果不能,是什么原因
1	叙述故障诊断基本流程			
2	叙述测试制动性能的方法			
3	在教师指导下,用制动测试台对故障车辆进行制动性能测试,独立分析测试结果,确定故障的类型			
4	查阅资料,制定并实施制动跑偏故障的诊断与排除计划			
5	运用所学知识,对制动系统其他故障进行诊断			

5. 日常表现性评价(由小组长或者组内成员评价)

(1)工作页填写情况。(　　)
　　A. 填写完整　　　　　　　　　　B. 缺失 0~20%
　　C. 缺失 20%~40%　　　　　　　 D. 缺失 40% 以上

(2)工作着装是否规范?(　　)
　　A. 穿着校服(工作服),佩戴胸卡　　B. 校服或胸卡缺失一项
　　C. 偶尔会既不穿校服又不戴胸卡　　D. 始终未穿校服、佩戴胸卡

(3)能否主动参与工作现场的清洁和整理工作?(　　)
　　A. 积极主动参与"5S"工作
　　B. 在组长的要求下能参与"5S"工作
　　C. 在组长的要求下能参与"5S"工作,但效果差
　　D. 不愿意参与"5S"工作

(4)在制动试验台作业时,有无进行安全检查并警示其他同学?(　　)
　　A. 有安全检查和警示　　　　　　B. 无安全检查,有警示
　　C. 有安全检查,无警示　　　　　　D. 无安全检查,无警示

(5)是否达到全勤？（　　）

    A. 全勤　　　　　　　　　　　　　　B. 缺勤 0～20%（有请假）

    C. 缺勤 0～20%（旷课）　　　　　　 D. 缺勤 20% 以上

(6)总体印象评价。（　　）

    A. 非常优秀　　　B. 比较优秀　　　C. 有待改进　　　D. 急需改进

(7)其他建议：

小组长签名：_____　　　　　_____年_____月_____日

6. 教师总体评价

(1)对该同学所在小组整体印象评价。（　　）

    A. 组长负责，组内学习气氛好

    B. 组长能组织组员按要求完成学习任务，个别组员不能达成学习目标

    C. 组内有 30% 以上的学员不能达成学习目标

    D. 组内大部分学员不能达成学习目标

(2)对该同学整体印象评价：

_____

_____

_____。

教师签名：_____　　　　　_____年_____月_____日

参 考 文 献

[1] 史文库.汽车构造(下册)[M].6版.北京:人民交通出版社,2013.
[2] 日本GP企画室.汽车车身底盘图解[M].宋桔桔,董国良,等,译.长春:吉林科学技术出版社,香港万里机构出版有限公司,1995.
[3] 罗德伦,张凯良.金杯海狮系列轻型客车结构与维修图文双解[M].北京:机械工业出版社,2005.
[4] 詹姆斯·D·霍尔德曼,小蔡斯·D·米切尔.汽车制动系统[M].北京:中国劳动社会保障出版社,2006.
[5] 全国汽车维修专项技能认证技术支持中心编写组.制动系统[M].北京:教育科学出版社,2004.
[6] 日本丰田马达协会.丰田汽车TOYOTA底盘和车体修理手册[M].申华颖,胡军,甄永锋,等,译.成都:四川科学技术出版社,1991.
[7] 王大伟,董训武.捷达电喷系列轿车维修手册[M].北京:机械工业出版社,2005.
[8] 邯郸北方学校.怎样维修汽车ABS、ASR和SRS系统[M].北京:机械工业出版社,2005.